insel taschenbuch 4937
Wenn Katzen Weihnachten feiern

Katzen lieben Weihnachten und alles, was dazugehört: verschneite Landschaften, ein Baum mit lauter bunten Kugeln, köstliche Leckereien und gemütliches Beisammensein – das Fest der Liebe wollen auch unsere Samtpfoten nicht missen.

Von einer streunenden Katze, für die Weihnachten eine Überraschung bereithält, von einer wahren Hexenkatze, von ganz besonderen Freundschaften und einer weltberühmten Katzenmuse ... davon und von vielem mehr erzählen die hier erstmals veröffentlichten Geschichten von Claire Beyer, Eva Demski, Ellen Dunne, Tanja Dückers, Tatjana Kruse, Christiane Lind, Henrike Wilson, Franziska Wolffheim u. v. a.

Wenn Katzen Weihnachten feiern

Die schönsten Geschichten zum Fest

Herausgegeben von Gesine Dammel

Insel Verlag

Erste Auflage 2022
insel taschenbuch 4937
Originalausgabe
© Insel Verlag Anton Kippenberg GmbH & Co. KG, Berlin, 2022
Quellennachweise am Schluss des Bandes
Umschlaggestaltung: zero-media.net, München
Satz: Satz-Offizin Hümmer GmbH, Waldbüttelbrunn
Druck: CPI books GmbH, Leck
Printed in Germany
ISBN 978-3-458-68237-0

www.insel-verlag.de

Inhalt

Claire Beyer
Theias Kreise

Besser hätte es für Theia nicht kommen können.

Sie war die einzige Bewohnerin eines seit langer Katzenzeit leerstehenden Hofgebäudes, hielt es mäuse- und rattenfrei und kümmerte sich darum, dass die Tauben sich nicht auf dem Dachboden einnisteten. Mit ihrem Geschrei vertrieb sie Füchse und andere Wildtiere und ließ gerade noch die Schwalben gewähren. Letztere allerdings mehr aus Gründen der Unerreichbarkeit als aus Sympathie für die so ästhetischen Flugkünstler. Weil sie von klein auf menschliche Nähe gewohnt gewesen war, fühlte sie sich jedoch einsam, vor allem jetzt, in der beginnenden Adventszeit. Nachbarliche Höfe lagen zwar in der Nähe, sie waren aber ebenso verlassen und heruntergekommen und verwittert. Wie ein Haufen Kohlköpfe im Spätwinter.

Nachdem die Bäuerin verstorben war, fand sich keiner, der den Hof übernehmen wollte. Die Kinder und Enkel nicht und erst recht keine fremden Käufer, die die Erben mit allerlei verführerischen Argumenten über die gute Landluft anlocken wollten. Es wurde Winter, dann Sommer, Frühling und Herbst, und bald fielen die ersten Mauern ein und ein eifri-

7

ger Efeu überwucherte zuerst den Flieder und machte sich dann über das Haus her. Das Hofgebäude drohte unter einem andauernden Ächzen zu sterben. Theia bot es dennoch eine Heimat. Sie kümmerten weder die eingefallenen Wände noch das Efeugestrüpp; sie hatte ein Dach über dem kleinen getigerten Kopf und Mäuse und anderes Getier boten ihr Nahrung. Das genügte zum Überleben; Wasser fand sie in der heruntergefallenen Dachrinne.

Als in diesem Jahr die ersten Schneeflocken fielen, erinnerte sich Theia an die Weihnachtszeit mit ihrer Menschenfamilie. Als junges Kätzchen hatte sie damals in der Adventszeit auf dem Fußboden der Küche gelegen, der nichts mit der Mondlandschaft von heute gemein hatte, sondern nach Wald und Harz roch. Sie hatte die Ruhe und Wärme genossen, wie es nur die Katzen vermögen. Doch irgendwann war sie hochgefahren. Es hatte gepoltert und gelärmt. Die Hausherrin war zurückgekommen. Und nicht nur das. Die Tür war weit aufgerissen und ein riesiges grünes Ungetüm von Tannenbaum hindurchgeschoben worden. Theia floh entsetzt unter die Sitzbank, wo sie Jupp, den Hofhund, schlafend und laut schnarchend vorfand. Er war so vollgefressen, dass er nicht mal bemerkte, als sie ihn an der Nase kratzte, weil sie wollte, dass er zur Seite rückte.

In den Tagen danach lag ein wunderbarer Geruch nach Backwerk in der Luft. Theia hielt sich so lange wie möglich in der Küche auf und sprang dabei auf einen dreibeinigen Hocker, den sie vom Stall kannte. Er roch nach den Kühen und nach Milch, nach der Bäuerin und nach Jupp. Holzscheite lagen rotglühend in einem Kamin. Es war eine gemauerte Feuerstelle, der sie sich nicht zu nähern traute, denn die Funken des manchmal noch feuchten Holzes stoben in alle Richtungen über den Boden. Die Bäuerin hatte die Glutnester schimpfend ausgetreten und sich nicht weiter um die schwarzen Flecken gekümmert, die den alten Holzboden wie ein Feld mit Mauselöchern aussehen ließ. Vom Hof her hörte Theia das Lachen der Kinder, die zu Besuch waren, und ihre lauten Bravorufe, wenn der Schlitten wieder gegen den Misthaufen geprallt war. Später, als es richtig dunkel geworden war, hörte sie, noch immer vor dem Feuer sitzend, wie die Traktoren angelassen wurden und die Besucher mit aufheulenden Motoren davonfuhren. Theia legte sich auf den Boden und träumte von Feldmäusen.

Am nächsten Morgen näherte sie sich mit vorsichtigen Schleichbewegungen dem Baum, und als sie begriff, dass von ihm keine Gefahr ausging, inspizierte sie ihn. Ein Platz unter den tiefhängenden Zweigen wurde ihr neues Versteck. Es war wie im Wald, nur wärmer.

Immer häufiger und länger blieb sie dort liegen. Nichts zog sie hinaus, denn es hatte kräftig geschneit und die vermaledeiten Schneeflocken hockten auf ihrem Fell und die Nässe und Kälte krochen bis unter die Haut. Eines Tages, sie war gerade eingeschlafen, nachdem sie lange aus sicherer Entfernung ins lodernde Kaminfeuer gestarrt hatte, wurde sie plötzlich geweckt, als sich die Kinder am Baum zu schaffen machten. Sie hatten eine große Kiste mitgebracht. Theia verließ maunzend ihren Platz und beobachtete, was passierte. Kugeln aus Glas, Sterne aus Stroh, Holzfiguren, Kerzen und lange, goldene Fäden zogen fast die Zweige nach unten. Die Katze buckelte, als der Baum plötzlich leuchtete. Dann verschwanden die Kinder wieder, und Theia konnte sich das Ganze in aller Ruhe ansehen. Sie zog und zerrte an der Dekoration, scherte sich nicht um die zerbrochenen Christbaumkugeln und gab erst Ruhe, als sie die untere Hälfte des Baums abgeräumt hatte.

Am schönsten aber war es am Weihnachtsabend gewesen. Überall raschelndes Papier und jede Menge Kartons, in denen sie sich prima verstecken konnte. Und bei allen Spielen und Tobereien durfte sie dabei sein, ohne verscheucht zu werden. Die große Fröhlichkeit übertrug sich selbst auf die sonst so mürrische Bäuerin und den faulen Jupp. Seine Rute schlug vor Begeisterung unablässig auf den Boden.

Das war lange her. Sie vermisste das Fest. Vielleicht machte sie sich deshalb, als die ersten Schneeflocken auf die Dächer und die Felder fielen, auf den Weg zu dem einzigen Nachbarhof, in dem seit kurzem wieder Menschen wohnten. Leider auch ein Hund, der vor Wut jedes Mal schier seine Kette zerriss, wenn Theia am Grundstück vorbeistreifte.

Es war ein windiger und kalter Herbsttag gewesen. Sie hatte ein brummendes Geräusch vernommen. Sie war dem Lärmen gefolgt und ganz außer Atem am Nachbarhof angekommen. Dort verfolgte sie das Geschehen aus sicherer Entfernung. Ein Ungetüm von Motorrad war auf den schlammigen Hofplatz gefahren und hatte vor dem Haupthaus eine Runde gedreht. Dabei sah Theia, dass in einem Seitenwagen ein Riese von einem Hund saß – mit einer schweren, schwarzen Motorradbrille auf seiner langen Schnauze. Der groteske Anblick nahm Theia augenblicklich die Angst, und als der Fahrer, ein stämmiger Mann mit langen Haaren und silbern glänzenden Ringen an den Ohren und in der Nase, dem Hund befahl, auszusteigen, setzte sich Theia gelassen hin.

Lunas, raus da!, rief der Mann, und der Hund befolgte es mit eingeklemmtem Schwanz.

Die kläffende Bestie ähnelte Jupp, hatte aber nichts von dessen Charakter abbekommen. Mit Jupp war von Anfang an alles so leicht gewesen. Als kleiner Katzenfindling war Theia auf der Suche nach Wärme in seine Hütte getapst und hatte sich zwischen seine Vorderpfoten gelegt. Damals war das unsichtbare Band zwischen ihnen geknüpft worden. Jupp, ihr Beschützer, so wurde er von der Bäuerin genannt. Da sein Wirkungskreis aber nur so groß war wie seine Kette es ihm erlaubte, war Theia zu seiner verlängerten Freiheit geworden. Obwohl sie viel Zeit mit ihm verbrachte, streunte sie auch halbe Nächte durch die Hofanlage. Sie kam jedoch immer zu ihm zurück, und Jupp begrüßte sie stets so freudig, wie es nur ein Hund vermochte. Theia war klein, aber nichtsdestoweniger gerissen. Sie kannte die Zugänge zur Vorratskammer der Bäuerin und schlug sich dort den Bauch voll, wenn die Chefin mit ihrem alten Traktor vom Hof fuhr. Und immer packte Theia mit ihren spitzen Zähnen eine Wurst oder ein Stück Speck und schleppte die ergaunerte Beute zu Jupp. Die Bäuerin, die ihre Hoftiere meist nur mit Brotsuppe und Kartoffelresten fütterte, wunderte sich zwar darüber, dass Hund und Katze so rund waren und ein glänzendes Fell hatten, hinter das Geheimnis aber kam sie nie. Als Jupp alt geworden war, zeigte die Bäuerin Mitleid, und er durfte von der Kette und sogar ins Haus, wo er nach einer kalten Januarnacht nicht mehr aufgewacht war.

Auf ihrem Weg zum Nachbarhof hörte Theia schon von weitem, dass Lunas winselte. Sein Heulen war ebenso beeindruckend wie sein Gebell. Schnell schlich

sie durch das hohe Gras und entdeckte vor dem Hofplatz zwei Mountainbiker, die auf Lunas starrten.
Der hing hechelnd und keuchend an seiner Kette,
die sich eng um einen abgesägten Baumstamm ge-
wickelt hatte. Vermutlich war Lunas aus Zorn über
die Fahrradfahrer so oft um den Stamm herum ge-
rannt, dass sich die Kette aufwickelte und er sich
in diese ausweglose Situation gebracht hatte. Lunas
war erschöpft, und die Kette schon so kurz, dass er
dem Erstickungstod nahe war. Die Männer redeten miteinander, unternahmen nichts. Vermutlich
trauten sie sich nicht, dem Hund näher zu kommen.
Und vom Besitzer war weit und breit nichts zu sehen. Theia nahm allen Mut zusammen, zwängte sich
unter dem Zaun hindurch an den Fremden vorbei
und näherte sich dem japsenden Hund. Sie setzte sich
direkt vor Lunas auf den Boden. Der Hund versuchte sich aufzubäumen, wollte nach ihr schnappen.
Doch Theia ließ sich nicht einschüchtern. Sie zog
ein Stück weiter und noch eines, und Lunas folgte dem entstehenden Kreisbogen. Nach der ersten
Runde schon lockerte sich der Druck um seinen Hals,
er bekam wieder Luft, und als hätte er begriffen, dass
die Katze ihn aus seiner todbringenden Lage befrei-
en würde, winselte er in versöhnlichem Ton. Theia
vergrößerte den Radius, ging aber immer weiter im
Kreis um Lunas herum und nach einigen Umdre-
hungen lag die Kette wieder lang auf ebener Erde.

Hund und Katze saßen sich still gegenüber, dann schleppte sich Lunas zu Theia und stupste sie leicht an. Die Mountainbiker applaudierten.

Inzwischen war der neue Hausherr zu ihnen gestoßen. Keiner hatte darauf geachtet, dass er zwischenzeitlich auf den Hof gefahren war. Die Männer erzählten, was vorgefallen war, dass die Katze es geschafft hatte, den Hund in die erlösende Richtung zu lotsen. Es grenze an Zauberei, ereiferte sich der eine, an ein Wunder, ergänzte der andere.

Der Hausherr versprach, den Baumstamm zu entfernen, um ein solches Drama in Zukunft zu verhindern. Er ging ins Haus und kehrte mit einem runden Tablett zurück. Die Biker bekamen ein Kirschwasser, während Theia mit einem großen Stück Wurst belohnt wurde. Beim Anblick von Lunas zögerte er zunächst, schalt ihn gar einen Dummkopf, doch schließlich ließ er sich von Lunas' traurigem Anblick erweichen, und es gab auch für ihn eine bereitgelegte Leckerei. Dabei sah er, dass sich das Halsband tief in die Haut des Hundes geschnitten hatte.

Nach dem Besuch beim Tierarzt durfte Lunas von der Kette und sich im Haus ausruhen. Dort besuchte ihn Theia jeden Tag zur selben Stunde. Und als gäbe es auch ein Gewohnheitsrecht für Tiere, blieb es dabei, dass Lunas ins Haus durfte, wenn Theia kam. Auch an Heiligabend. In der großen Stube stand ein prächtiger Baum mit weit ausladenden Zweigen, die nach Wald und Moos dufteten. Darunter war eine weiche Decke ausgebreitet, auf der Theia und der längst genesene Lunas aneinandergeschmiegt lagen.

Die Katze schnurrte, der Hund brummte vor Wohlbehagen, als der Mann an den Kamin trat, um Holz nachzulegen. *Buchenholz,* sagte er zu den beiden, um seine Verlegenheit zu überspielen.

Nadja Mayer
Schmidt sucht das Weiße

Schmidt lag seit Stunden auf der Fensterbank und döste in der warmen Heizungsluft vor sich hin. Gelegentlich, wenn er eine Bewegung oder ein Geräusch wahrnahm, öffnete er kurz das linke Auge einen Spalt, um es dann sofort wieder zu schließen. Abgesehen davon, dass Schmidt sich unsäglich langweilte, fand er es eigentlich ganz gemütlich auf seinem Platz. Es war still, sehr still, nur selten fuhr ein Auto durch die Straße. Draußen tschilpte dann und wann eine Amsel im kargen Busch. Als jedoch Jasper wie jeden Sonntag die Zeitung geräuschvoll beiseitelegte, ahnte Schmidt, dass es mit der Ruhe vorbei war. Schon dröhnte es aus den Boxen »... and may all your Christmases be white«, und Jasper pfiff dazu. Schmidt räkelte sich, dehnte seine Vorderbeine, als ließen sich damit die Töne einzeln vertreiben, und rollte sich wieder zusammen. Jasper deutete dies als Wohlgefallen. »Ich glaube, unser Kater mag es, wenn die Beach Boys Weihnachtslieder singen«, lachte er. Das Gegenteil war der Fall.

Schmidt vermisste die Sonne. Seine Sonne, die richtige, warme Sonne des Südens, und er vermisste die Kirchen, die er sich nur mit dem Coro Paroquial und den zwei Padres teilen musste: die Santa Maria Do Castelo mit ihrer großen Uhr, die Igreja da Misericordia und vor allem die kleine Igreja Matriz de Santiago. Schmidt liebte den Geruch von Weihrauch und Mottenkugeln, der ihm aus den Kirchen entgegenströmte, und er liebte das sonntägliche Geläut. Er mochte die alten Mütterchen, die hier mit kleiner, flinker Geste und großem Ernst ihr Kreuz schlugen und immer ein streichelndes Händchen für ihn, den Kater, übrig hatten, und er mochte auch die Männer von den Booten, die mit strenger Miene und gesenktem Haupt eintraten und herrlich nach Fisch und Meer rochen. Es gab sehr viele Kirchen in Tavira. Und Schmidt kannte sie alle. War er hungrig, musste er nur in eines der Gotteshäuser gehen. Hier ließen sich immer ein paar Mäuse auftreiben. Und wenn ihm der Steinboden unter den Bänken zu kühl wurde, ging er hinaus in die Sonne, die richtige, warme Sonne, legte sich auf die Praça de República und schaute den Mauerseglern beim Nestbau zu.

Nun lag er in einem gut geheizten Reihenhaus am Fenster, und ein hässlicher grauer Zaun mit einem kargen Busch davor war alles, was er sah. Schmidt verspürte einfach keine Lust, nach draußen zu gehen, jetzt, da der Boden eiskalt und die Erde feucht war. Als Jasper und Lotte ihn gerettet hatten, wie sie es nannten, ihn also aus Portugal, wo es für Katzen ein hartes Leben ist, wie sie fanden, mitbrachten nach Niederursel, einen kleinen Stadtteil im Frankfurter Norden, war Schmidt ein angriffslustiger junger Kater mit zotteligem Fell gewesen. In den Straßen von Tavira war er bekannt. Die anderen Kater fürchteten seinen Wagemut. Natürlich hieß Schmidt eigentlich gar nicht Schmidt. Der Name war Jaspers Idee gewesen. »Irgendwie erinnert mich der Kater an einen Professor, den wir am philosophischen Institut hatten.«

Schmidt war nun schon seit drei Monaten bei Jasper und Lotte. Und er hatte sich an so manches gewöhnt. Zum Beispiel daran, dass überall Teppiche auf dem Boden lagen, an denen man mit den Krallen hängen blieb, was unangenehm war, und die zentimeterweit rutschten, wenn man mit genügend Anlauf daraufsprang, was herrlich war. Oder daran, dass es hier niemand zu würdigen wusste, wenn Schmidt eine tote Maus oder einen toten Vogel auf die Fußmatte vor der Eingangstür legte. Gleich in der ersten Woche hatte Schmidt eine Maus fein säuberlich auf der Matte platziert, den Schwanz sogar noch ein wenig gerade gezupft und gewartet. Als Lotte das tote Tier entdeckte, schrie sie kurz auf und rannte in die Küche, um eine Kehrschaufel zu holen. Ohne Schmidt auch nur eines Blickes zu würdigen, bugsierte sie die Maus auf die Schaufel und brachte sie zur Mülltonne. Schmidt war beleidigt. Drei Tage lang ließ er Jasper und Lotte spüren, dass man so etwas mit einem portugiesischen Kater nicht machte. In Tavira brachte eine tote Maus immer Anerkennung: von den Padres, von den Mütterchen und immer auch von den anderen Katzen. Schmidt hatte Heimweh.

Seit Schmidt in Deutschland war, bekam er sein Futter aus Dosen. Meist war es Lotte, die es ihm auf einem kleinen weißen Tellerchen mit blauem Rand servierte, und es schmeckte nicht schlecht. Doch Schmidt fehlte das Jagen. Dieses Gefühl der Überlegenheit, das damit verbunden war. Ich, Kater. Du, Vogel. Wollen wir doch mal sehen, wer hier der Stärkere ist! Schmidt schubste die gestapelten Vorräte aus dem Schrank, sobald die Tür offen stand, und ließ sie über den Boden rollen. Das erinnerte ihn ein wenig an die Mäuse, die unter den Kirchenbänken herumflitzten. Aber Lotte räumte die Dosen immer sofort wieder auf.

Wenn nur endlich dieser schrecklichste aller Tage vorbeigehen würde. Denn von den Wochenenden, die Schmidt generell lästig fand, weil dann im Haus gar nichts mehr stimmte, war der Sonntag der Gipfel. Lotte und Jasper hielten sich dann an keine der Regeln, die unter der Woche unumstößlich schienen wie der Aufgang der Sonne, das nervöse Räuspern von Jasper am Ende eines Satzes oder das Klappern des Briefkastens. Manchmal vergaßen sie sogar, sein weißes Tellerchen rechtzeitig zu füllen.

Schmidt drehte sich träge auf der Fensterbank um. Die Heizungsluft brachte das Rollo vor dem Fenster sanft zum Schwingen. Als Schmidt ins Haus zu Lotte und Jasper kam, hingen links und rechts des Fensters Gardinen. Schmidt liebte es, sich in den Gardinen festzukrallen und ein wenig zu schaukeln oder bis zur Gardinenstange hinaufzuklettern. Einmal krachte er beim Schaukeln jedoch samt der Stange auf den Boden. Dabei fiel auch noch eine große Vase um, woraufhin Lotte in Tränen ausbrach. Am nächsten Tag montierte Jasper die Gardinen ab und das Rollo an, was aus Schmidts Sicht eine deutliche Verschlechterung war.

Endlich bewegte sich draußen etwas. Schmidt setzte sich auf, um den Garten besser im Blick zu haben. Es war Bruno, der Nachbarshund, ein großer, schwerfälliger Kerl, der Schmidt sofort ins Herz geschlossen hatte, was aber, vorsichtig ausgedrückt, nicht auf Gegenseitigkeit beruhte. Bruno lief über den kalten, feuchten Rasen und rieb sein Fell an seinem, an Schmidts Zaun! Schmidt schüttelte sich. Es würde Tage dauern, bis der Geruch von feuchtem Hundefell nicht mehr am Holz haftete. Hunde, auch gutmütige wie Bruno, waren Schmidt so sympathisch wie die Änderung von Abläufen an den Wochenenden oder der Geschmack von Zitronen.

Nicht einmal den Fernseher schalteten sie sonntags ein. In Tavira lief der Fernseher immer und überall. In den Bars und Lokalen am Platz und hinter den dicken Wänden der kleinen Häuser in der Altstadt flimmerte es tagein, tagaus. Auch wenn die alten Frauen draußen vor der Tür neben den Geranientöpfen saßen und schwätzten oder Strümpfe stopften, dröhnte drinnen irgendeine Fernsehshow, während auf dem Herd Arroz com Mariscos köchelte. Das Geräusch der laufenden Fernseher mischte sich in Schmidts allmählich nachlassender Erinnerung mit dem Duft von köstlichem Essen zu einem warmen, weichen Gefühl. Hier in Niederursel jedoch war alles still, wenn Jasper nicht gerade die Beach Boys auflegte.

Manchmal, wenn ihm sein Fensterplatz zu eintönig wurde, ging Schmidt nach oben. Dort lag Lotte auf dem Sofa und las. Aus purer Langeweile sprang Schmidt dann auf Lottes Beine, was diese immer als Zeichen besonderer Zuneigung deutete, und begutachtete den Sofastoff. Geschickt zog er hier und dort ein paar Fäden heraus, um sie genauer zu prüfen, und musste daraufhin das Sofa regelmäßig mit einem sanften, aber doch bestimmten Tritt von Lotte wieder verlassen. Inzwischen hatte Lotte das Sofa mit einem alten Betttuch abgedeckt, an dem es nichts zu zupfen gab. Warum gab es Sofastoffe aus Fäden zum Herausziehen, wenn man sie nicht herausziehen durfte? Die Welt von Lotte und Jasper war voller merkwürdiger Regeln. Wobei das Sofafädenzupfverbot offenbar nur sonntags galt, denn während der Woche räumte Lotte das Betttuch weg. Da, wo Schmidt herkam, gab es nicht so viele Regeln. Das Leben war rauer, aber es war warm. Und es roch nach Fisch.

Auch dieser Sonntag würde vorübergehen. Es wurde bereits langsam dunkel. Schmidt blickte nach draußen in die Dämmerung. Plötzlich sah er etwas, was er so noch nie gesehen hatte: dicke weiße Flocken schwebten, nein: tanzten durch die Luft! Aufgeregt setzte Schmidt sich auf und spitzte die Ohren. Es war kein Geräusch zu hören, nichts. Auch dann nicht, wenn diese Flocken auf die Erde auftrafen. Der Rasen war bereits mit einer feinen weißen Schicht bedeckt. Jasper trat zu Schmidt ans Fenster und sagte: »Ausgerechnet! Das gibt morgen früh wieder ein schönes Chaos auf den Straßen.« Schmidt verstand nicht. Wie konnten weiße Flocken, die heute durch die Luft tanzten, morgen ein Chaos verursachen? Auf den Straßen? Jasper kraulte Schmidts Kopf, und Schmidt beschloss, sich dies ausnahmsweise einmal gefallen zu lassen. Er leckte an der kalten Fensterscheibe, auf der die weißen Flocken sich rasch in kleine Rinnsale verwandelten.

Lotte kam ins Zimmer. »Komm, wir lassen ihn in den Garten. Er hat bestimmt noch nie im Schnee gespielt.« Jasper öffnete die Terrassentür und ging ein paar Schritte nach draußen. In kürzester Zeit hatten sich die Flocken lautlos auf sein Haar und seine Schultern gelegt. Schmidt folgte ihm nur zögernd in die Kälte. Vorsichtig setzte er seine Pfoten auf die weiße Schicht, die sich jetzt auch auf der Terrasse gebildet hatte. Sie gab nach und war noch weißer und weicher als der Sand auf der Ilha da Tavira. Herrlich! Schmidt rannte durch den Garten, sauste um den knorrigen Apfelbaum und sprang in die Luft. Er versuchte, wenigstens eine der vielen Flocken zu fangen, aber die Flocken waren so unberechenbar wie Stubenfliegen.

Als Lotte ihn rief, schlug er gerade Schneehäubchen von den Zweigen des kahlen Busches. Ob das womöglich jetzt jeden Sonntag passierte? Schmidt war außer sich. Kleine Eisklumpen hatten sich in seinem Fell gebildet, und in seinen Schnurrhaaren funkelten winzige Kristalle. Vorsichtig schüttelte Schmidt seinen Kopf, um die Kristalle loszuwerden. Bei einem Kampf im Garten der Burgruine von Tavira hatte Schmidt einmal einige seiner Schnurrhaare eingebüßt. Bis sie ihm nachgewachsen waren, war er ständig gegen Mauern und Türen gestoßen. So etwas sollte ihm nicht wieder passieren. Lotte rief ihn erneut. Noch eine Runde durch das weiche Weiß! Lotte konnte warten. Diese weißen Flocken waren das Zweitbeste, was sich in Schmidts kurzem Katerleben ereignet hatte. Das Beste fiel ihm gerade nicht ein, aber er wusste, dass es da noch etwas gab.

Als Schmidt am nächsten Morgen die Augen öffnete, war es schon fast wieder hell. Lotte und Jasper saßen bereits am Frühstückstisch. Schnurstracks rannte Schmidt zum Fenster: Der ganze Schnee war weg. Sollte er alles nur geträumt haben? Die tanzenden Flocken? Ihr lautloses Auftreffen auf die Erde? Das Weiß? Schmidt nahm sich für das Fressen weniger Zeit als sonst. Er hatte Wichtigeres zu tun und zeigte Lotte und Jasper mit erhobenem Schwanz und entschlossenem Schritt unmissverständlich, was er wollte: hinaus. Hinaus ins Freie. Und zwar sofort. Schmidt rannte durch den Vorgarten, quer über die Erbsengasse, hinüber zu den Feldern, wo oft ein paar Pferde standen, und vorbei am Sportplatz. Kein Schnee weit und breit. Dann weiter, vorbei am »Lahmen Esel«, hinunter zum Urselbach. Nirgendwo Schnee! Schmidt begriff nicht, was geschehen war. Halbherzig streckte er seine rechte Pfote nach einer Amsel aus, die sich im nassen, braunen Laub zu schaffen machte, und kehrte um. Müde und enttäuscht sprang er auf seinen Fensterplatz. Wie jeden Montag hatten Jasper und Lotte schon lange das Haus verlassen, und Draga, die Putzhilfe, klapperte in der Küche herum. Wenigstens darauf konnte man sich noch verlassen, Schmidt wollte sich gerade auf seinem Platz einrollen, als er etwas Merkwürdiges entdeckte: Im Garten unter dem knorrigen Apfelbaum lag ein kleiner, weißer Fleck – etwa so groß wie die Bodenplatten auf der Praça de República. Ein Rest Schnee! Der einzige Schnee, den es in ganz Niederursel, ach was, in ganz Frankfurt, wahrscheinlich sogar in ganz Deutschland noch gab, lag unter dem Apfelbaum von Lotte und Jasper. Und also in Schmidts Garten. Zufrieden schloss Schmidt die Augen. Die warme Heizungsluft streifte sein rotes Fell.

Franziska Wolffheim
Die Schneehexe

Carlo ist froh, dass Signora Bardolini so zerstreut ist. Wenn sie abends ihren Laden verlässt, denkt sie manchmal nicht daran, die Tür abzuschließen. Carlo kennt das schon. Kaum ist die Tür angelehnt, schlüpft er hinein. Klar, er ist ein gefräßiger Kater, aber in Signora Bardolinis Feinkostladen in Salò würde jeder Vierbeiner, der auch nur ein paar Geschmacksknospen im Maul hat, schwach. In der Auslage türmen sich Fenchelsalami, Parmaschinken, sardischer Pecorino, Gorgonzola, Caciocavallo, der die Form einer Birne hat, außerdem Cicchetti, appetitliche Häppchen, wie es sie in Venedig in jeder Bar gibt; am liebsten mag Carlo davon die Thunfischkroketten und die eingelegten Sardinen. In der Weihnachtszeit baumeln rote Kugeln von der Decke, überall im Geschäft blinkt und glitzert es. Die Lichterketten, die über der Theke hängen, lassen die dicken Salamis und die fetten Käselaibe wie seltene Kostbarkeiten erscheinen. An einem Parmesan-Rad lehnt eine kleine Holzleiter, auf der ein Weihnachtsmann herumklettert.

Carlo liebt die Vorweihnachtszeit, wenn der Laden der Signora zur Schatztruhe wird. Auch tagsüber schleicht er jetzt oft hier herum. Er inhaliert die würzigen Düfte, die auf die Straße wehen, kaum hat ein Kunde die Tür geöffnet. Manchmal hört er zu, wie sich die Signora mit ihren Kunden unterhält. Früher war sie nicht so zerstreut, aber jetzt, mit dem Älterwerden, habe sie mit ihrem Kopf ein paar »problemini«, wie sie sagt. Manchmal vergisst sie zu kassieren, während sie ihren Kunden die dicken Wurst- und Käsepakete in die Hand drückt. Die Stammkunden kennen das schon und halten der Signora dann ihr Portemonnaie unter die Nase. Oder eine ihrer beiden jüngeren Angestellten stoßen sie ganz sanft in die Seite. Viele Kunden meinen, Signora Bardolini sei »die Seele des Geschäfts«. Carlo weiß nicht, was das bedeutet, aber auf jeden Fall nichts Schlechtes, sonst würde die Seele nicht so oft die Tür für ihn offen lassen.

An diesem Tag ist besonders viel los, es ist der 24. Dezember, vor dem Eingang hat sich eine lange Schlange gebildet. Carlo schleicht neugierig an den Menschen entlang, die wegen der Kälte von einem Bein auf das andere treten. Sie erzählen sich, was sie am ersten und zweiten Weihnachtstag alles kochen, braten, dünsten und backen werden. Carlo wäre schon gern dabei, wenn es bei den Rossis gefülltes Perlhuhn gibt oder bei den Mantovanis ein Bollito misto mit sieben verschiedenen Fleischsorten. Aber da er ein Streuner ist, muss er mit dem Laden von Signora Bardolini vorliebnehmen, was auch nicht übel ist.

Gegen Abend, es ist schon dunkel, wird die Schlange kürzer. Als die letzte Kundin mit zwei prall gefüllten Tüten aus dem Laden geht, macht Signora Bardolini die Lampen aus, nur die Lichterketten dürfen weiter blinken. Dann verlässt sie in ihrem dicken schwarzen Wintermantel den Laden. Bitte bitte, denkt Carlo und schickt ein Gebet zum Himmel, könnte ja helfen, es ist schließlich Weihnachten. Dann stößt er einen Seufzer aus: Die Tür bleibt angelehnt! Carlo schlüpft hinein, vorher hat er sich schon sein Festessen zurechtgelegt: Trüffelsalami, eingelegte Auberginen, Forelle und zum Abschluss Gorgonzola mit Mascarpone. Im Abstellraum hinter dem Laden stehen mehrere Kühlschränke, die er mit einiger Mühe öffnen kann. Er versucht, nicht allzu viele Spuren zu hinterlassen, damit sich die Signora später nicht ärgert. Dann schleppt er alles nach vorn in den Laden, setzt sich auf die Fußmatte und macht sich über die Schätze her. So gut hat er lange nicht gefressen. Irgendwann geht kein einziger Forellenkopf mehr in ihn hinein. Ermattet legt er sich auf den Jutesack, der in einer Ecke steht und mit Nüssen gefüllt ist. Wenn er sich bewegt, knackt es ein bisschen unter ihm.

Plötzlich hört er ein Geräusch an der Tür. Ein Mädchen mit lila Haaren schlüpft in den Laden, in der Nase trägt sie einen silbernen Ring. Carlo hat sie schon einmal auf der Seepromenade gesehen, aber nur von Weitem. Er ärgert sich, keiner außer ihm hat im Laden etwas zu suchen. »Ich heiße Elena«, sagt das Mädchen und lächelt ihn freundlich an. Dann setzt sie sich neben ihn auf den Fußboden und fängt an, ihn zu streicheln. Eigentlich lässt sich Carlo von Fremden nicht anfassen, andererseits ist es auch nicht ungemütlich, gestreichelt zu werden. Nach einer Weile fängt Elena an zu erzählen: Sie habe keine Lust auf den ganzen Weihnachtskram. »Unser Haus ist vollgestopft mit Tanten und Cousins, die ich nicht mag. Außerdem gibt es an Heiligabend immer so viel Fischzeugs zu essen, das geht schon los mit den Spaghetti, die mit fies riechenden Venusmuscheln garniert sind. Ich hasse Meeresgetier!«

Unvermittelt steht sie jetzt auf und verkündet: »Ich habe Hunger!« Dann geht sie in den Abstellraum und kommt mit Trüffelschinken, Fenchelsalami und Büffel-Mozzarella wieder. Zügig breitet sie alles auf mehreren Lagen Küchenpapier vor sich auf dem Boden aus. Während sie eine Scheibe nach der anderen verschlingt, redet sie einfach weiter: »Du siehst, ich bin nicht zum ersten Mal hier. Es macht Spaß, Weihnachten von zu Hause auszubüxen. Die Geschenke gibt es sowieso erst morgen. Und ich habe nicht die geringste Lust auf die Mitternachtsmesse. Wenn ich mich am Eingang nicht sofort bekreuzige, schauen mich die Omis gleich vorwurfsvoll an. Im Gottesdienst erzählen sie einem dann, dass wir alle arme Sünder sind und der Typ am Kreuz für uns gestorben ist. Alles total düster!« Carlo überlegt, was wohl ein Sünder ist und ob es etwas damit zu tun hat, dass er und das Mädchen sich in Signora Bardolinis Laden den Bauch vollschlagen.

»Gut, dass du da bist«, sagt Elena, »jetzt ist es richtig gemütlich hier.« Genüsslich leckt sie sich die Fingerspitzen ab und faltet das leere Küchenpapier zusammen. »Warum muss man Weihnachten immer so viele Dinge tun, die man nicht mag: zu allen lieb und freundlich sein, feuchte Küsse verteilen, sich adrett anziehen. Meine Mutter meint, das gehöre Weihnachten nun mal dazu, aber ich finde es total anstrengend.« Sie lehnt sich mit dem Rücken gegen die Wand und nimmt Carlo auf ihren Schoß. »Am liebsten würde ich dich mit nach Hause nehmen, aber das wäre nichts für dich. Meine jüngeren Schwestern würden dich ständig kraulen und ›che sei bello, che sei bellissimo‹ rufen. Das würde dir schnell auf die Nerven gehen!« Carlo hat das Gefühl, dass Elena recht hat. Wenn er durch den Ort streunt, bleiben häufig Mädchen stehen und strecken die Hand nach ihm aus. Dann sucht er schnell das Weite.

Elena zieht jetzt eine Mundharmonika aus der Tasche und spielt. Es klingt etwas schräg, auf jeden Fall nicht nach Weihnachten und völlig anders als die Lieder, die im Advent auf der Piazza della Vittoria gegenüber dem Schiffsanleger zu hören sind. Carlo läuft häufig dort entlang, er mag die kleine Eisbahn, auf der die Kinder herumsausen. Die Weihnachtslieder, die aus den Lautsprechern tröpfeln, klingen honigsüß und passen gut zu der Zuckerwatte, die die Kinder in sich hineinstopfen. Gelegentlich hat er gesehen, wie eine Mutter oder ein Opi eine Träne verdrückt, wenn das Lied »Tu scendi dalle stelle« über den Platz weht. Das könnte Carlo nicht passieren. Elena bestimmt auch nicht, denkt Carlo.

»Hatschi!« Jemand niest mitten in Elenas Mundharmonika-Quietschen hinein. In der Tür steht eine Hexe mit wirren grauen Haaren. Sie trägt einen schwarzen, abgetragenen Mantel und auf der Nase eine Nickelbrille, die Bügel sind mit Klebeband an den Gläsern befestigt. Der Stiel ihres Besens ist vom vielen Fliegen ziemlich dünn geworden. »Scusate, ich bin erkältet«, sagt die Hexe mit einer Stimme, die wie Raben-Krächzen klingt. »Darf ich reinkommen und mich aufwärmen?«

Die Hexe betritt den Laden und stellt ihren spillerigen Besen in die Ecke. Neugierig beobachten Carlo und Elena die Frau, die sich jetzt mit einem Seufzer auf den Jutesack fallen lässt, von dem der Kater gerade runtergesprungen ist. »Ich heiße Marina«, sagt die Hexe und nickt den beiden zu. »Ich hatte auch mal eine Katze, aber eines Tages habe ich sie aus Versehen weggezaubert. Ich war untröstlich!« Dumm wie Stroh, denkt Carlo, verzieht aber keine Miene.

»Wieso bist du eigentlich schon unterwegs?«, will Elena wissen. »Die Befana kommt doch erst am Dreikönigstag.« – »Das stimmt«, meint die Hexe, »aber ich habe mich etwas allein gefühlt in meiner Hütte, ist ja schließlich Weihnachten. Deshalb wollte ich noch eine Runde über den Gardasee fliegen.« – »Kannst du denn überhaupt fliegen, wenn dir ständig die Nase läuft?«, fragt Elena. »Klar, das geht immer, selbst wenn ich todkrank wäre«, sagt Marina und lacht. Dann zieht sie eine tote Maus aus ihrer linken Manteltasche und legt sie Carlo vor die Nase. Carlo will nicht unhöflich sein, aber prinzipiell frisst er keine toten Mäuse, die er nicht selbst erlegt hat, außerdem hat er überhaupt keinen Hunger. Un-

bemerkt kickt er das tote Tier in eine Ecke. Hoffentlich stolpert Signora Bardolini nicht darüber, wenn
sie ihren Laden wieder aufmacht.

»Für dich habe ich auch etwas«, sagt die Hexe zu
Elena. Aus ihrer rechten Manteltasche zieht sie einen langen Zahn und reicht ihn ihr. »Damit kannst
du dir etwas wünschen, du darfst nur nicht verraten,
was es ist. Du musst dreimal auf den Zahn spucken
und dabei sagen: *calafumate, calabrumate, calavigo-
rate.* Dann geht dein Wunsch in Erfüllung.« – »Hoffentlich vergesse ich den Spruch nicht gleich wieder«, meint Elena und murmelt vor sich hin. »Du
musst dich nur gut konzentrieren«, antwortet Marina lächelnd und zeigt dabei ihre nicht sonderlich
weißen Zähne. So ein Quatsch, denkt Carlo, während
er die beiden Frauen beobachtet. Bestimmt wünscht
sich Elena, ihre Familie auf den Mond zu schießen,
zumindest für Weihnachten. Na gut, vielleicht klappt
es ja.

Nach einer Weile sagt Marina: »Ich muss mich dem-
nächst losmachen, ich muss am 6. Januar fit sein.
Am Dreikönigstag will ich den Kindern nicht mit
Triefnase begegnen, wenn ich ihnen die Geschenke
bringe. Aber vorher möchte ich noch etwas für euch
tun. Vielleicht habt ihr eine Idee?« Elena denkt eine
Weile nach, dann sagt sie unvermittelt: »Schnee! Den

habe ich seit Jahren nicht gesehen.« Carlo überlegt, dass das eine gute Idee ist. Wenn er den Kopf schief hält und das Maul öffnet, kann er die Flocken direkt auf seiner Zunge zergehen lassen. Sie schmecken großartig, so ganz frisch aus dem Himmel, er hat das schon einmal vor Jahren ausprobiert.

»Pazienza – einen Moment Geduld!« Marina nimmt ihren spillerigen Besen und geht nach draußen, Elena und Carlo bleiben auf der Türschwelle stehen. Marina zieht eine kleine Klangschale aus der Tasche, kippt dicke Salzkörner hinein und schlägt den hölzernen Klöppel gegen das Metall. Es ist ein warmer, heller Klang, der durch die kalte Luft schwingt. Dazu murmelt sie unverständliches Zeug. Jetzt bloß nicht niesen, denkt Carlo, dann wird es nichts mit dem Schnee.

»Es geht los!«, ruft Marina. Tatsächlich tanzen ein paar Schneeflocken vom Himmel herab. Nach kurzer Zeit werden es mehr und mehr, ein dichtes Gestöber aus Flocken, fast so groß wie Christbaumkugeln. Elena streckt die Hände aus, lacht ungläubig und macht ein paar Luftsprünge. »Wow, ich hätte nicht gedacht, dass du Schnee zaubern kannst«, ruft sie, während Carlo mit schiefem Kopf die Flocken in sein Maul gleiten lässt.

»Wir gehen jetzt zum See!« Marina klemmt ihren Besen unter den Arm. Zusammen laufen sie zur Promenade, die verlassen da liegt. Nur wenige Menschen flanieren an diesem Abend hier, zwischendurch schauen sie erstaunt zum Himmel. Der Schnee legt sich auf die Olivenbäume, auf die blinkenden Lichterketten vor den Bars, auf die vertäuten Boote, die jetzt eingepackt sind und sanft auf dem Wasser schaukeln. »Zu viel versprochen?«, fragt Marina. Dann muss sie noch einmal kräftig niesen. »Na gut, ich muss los«, sagt sie.

Die Hexe steigt auf ihren Besen, dreht sich kurz um und hebt eine Hand zum Gruß. Dann schwebt sie hoch in die Luft, mitten hinein in das Schneegestöber, während unter ihr die Lichter der Fischerboote blinken. Elena und Carlo schauen ihr hinterher, wie sie immer kleiner wird und sich schließlich in den Flocken verliert.

Tatjana Kruse

In dulci Gargantua

Schneeflöckchen, Weißröckchen. In meinen Augen ist meine Heimatstadt nie schöner, als wenn alle Dächer und Bäume Schneemützen tragen. Gut, jede Stadt sieht im Schneekleid schöner aus, weil alles, was hässlich ist, sich darunter verstecken kann. Aber das meine ich nicht. Mein mittelalterliches Zuhause erblüht in Weiß einfach noch mal so schön wie sonst. Ein ganz anderes Level.

Außerdem liebe ich es, wenn man mit der Zunge Schneeflocken auffangen kann. Auch heute noch. Aber viel mehr damals, zu dem Zeitpunkt, an dem sich die Geschichte, die ich erzählen möchte, zutrug. Lange bevor ich selbst Kinder hatte, die ebenfalls Schneeflockenfangen mit der Zunge spielten.

Es begann alles in einem der Fachwerkhäuschen auf der »falschen« Seite des Flusses, dort, wo die armen Leute wohnten.

Meine Heimatstadt war im Mittelalter reich geworden. Außerhalb der Stadtmauer, die am Ufer endete, siedelten erst nur fahrende Leute und später das Dienstpersonal für die Herrschaften. Darum standen auf dieser Seite des Flusses auch keine riesigen Fachwerkprotze, sondern schnuckelig kleine

Puppenstubenfachwerkhäuschen. Das windschiefste dieser Häuschen, das besonders klein und schmal war und einen enorm spitzen Giebel besaß, hieß bei uns Kindern nur das »Hexenhaus«. Unterschiedlich hohe Stufen führten in einem gewagten Winkel zur Haustür hinauf.

Wann immer ich auf meinem Dreirad und später auf dem Rädchen mit den Stützrädern vorbeirollte, sah man im Fenster neben der Haustür eine riesige, wirklich gigantische Katze mit wirrem Fell, das nach allen Seiten abstand, als hätte sie mit der Pfote in eine Steckdose gelangt. Sie rührte sich nie, nur ihre Augen folgten jeder Bewegung. Unheimlich. Und deshalb genau richtig. Schließlich brauchte jede Hexe eine Katze.

Die Frau, die in dem Haus wohnte, war so alt wie die Zeit. Womöglich noch älter. Davon war ich damals fest überzeugt, was ich heute köstlich finde, denn rückblickend betrachtet war sie vermutlich ungefähr so alt wie ich jetzt.

Ich sah sie nur selten, und das war gut so, weil ich mich nämlich vor ihr fürchtete. Dabei vermittelte sie nicht den Eindruck, als würde sie Kleinkinder wie mich mästen und dann an ihre haarige Riesenkatze verfüttern. Die Alte trug ausnahmslos immer einen Tweedrock und ein Twinset zu flachen Schuhen und einer Perlenkette. Und niemals einen Hut. Hexen sahen eigentlich anders aus, aber vielleicht war genau das ihr Trick: Sie verkleidete sich als normale Frau, um Kinder wie mich zu sich zu locken.

Letzteres tat sie nämlich.

»Hallo, Kleines, möchtest du einen Keks?«, fragte sie, während sie die Haustürstufen fegte.

Beim ersten Mal bin ich in die Pedale getreten und so schnell weitergeradelt, wie ich nur konnte.

Bestimmt rief sie mir deswegen beim nächsten Mal mit einschmeichelnder Stimme zu: »Du musst keine Angst haben. Ich beiße nicht. Und Gargantua auch nicht.«

Aber natürlich bekam sie mich nicht so leicht herum. Ich kannte mich mit Märchen aus: *Erst lockt sie dich, dann brät sie dich!* Zack, stellte ich einen neuen Rekord im Stützradschnellfahren auf.

Danach sah ich sie mehrere Monate lang gar nicht mehr. Ihre Monsterkatze, deren Rasse ich nicht zuordnen konnte, die aber zweifellos der Familie der *Grumpy Cats* angehörte, saß reglos wie eine Statue am Fenster. Nur ihre Augäpfel bewegten sich und verfolgten mich mit ihrem finsteren Blick.

Mittlerweile war ich neugierig. Was für Kekse mochte es bei der Hexe wohl geben? Welche mit Schokolade? Die mochte ich am liebsten.

Als erfahrene Beutejägerin wusste sie natürlich, dass Neugier der allerbeste Köder ist. Bei ihrem nächsten Versuch – es ging auf Weihnachten zu – knickte ich folglich ein. Ich musste einfach wissen, welche Leckerhäppchen in der Hexenküche aufgetischt wurden. Zaghaft stapfte ich nach ihrer Einladung die Treppe hoch und blieb vor der Tür stehen.

»Komm nur herein, keine Angst.«

Ihr windschiefes Hexenhaus bestand aus drei Stockwerken, und jedes Stockwerk nur aus einem Zimmer. Unten trat man direkt in die Küche, die penibelst aufgeräumt und sauber war. Anders als bei uns daheim, wo sich das schmutzige Geschirr in der Spüle stapelte und sich auf der Küchentheke Briefe und Einkaufslisten und halbleere Gummibärtüten tummelten.

»Setz dich«, sagte die Hexe und schloss die Haustür. Aus dem ersten Stock hörte man eine Kinderstimme Weihnachtslieder singen. Kam das aus einem Radio? Oder sperrte sie uns Knirpse dort oben in einen riesigen Käfig und ließ uns singen? Ich bedauerte meine Neugier, die mich in ihre Küche geführt hatte, aber nun war es zu spät.

Ihre Katze miaute, sprang vom Fensterbrett – weil sie so riesig war, meinte ich, dass dabei der Boden vibrierte – und kam auf mich zu. Kurz überlegte ich, ob nun mein letztes Stündlein geschlagen hatte. Vielleicht verspeiste mich die gigantische Katze roh? Mit einem einzigen Happs?

Die Hexe nahm ein Küchentuch von einem Teller mit selbstgebackenen Vanillekipferln. Die noch warm waren. *Schnell noch aufessen, bevor ich selbst zu Futter werde*, dachte ich und langte zu.

Aber der Kater namens Gargantua war vermutlich Vegetarier. Er strich mir nur um die Waden, rieb sich an mir und wollte eindeutig gestreichelt werden. Was ich mit keksverkrümelten Händen auch tat.

»Er heißt Gargantua. Du kannst ihn Tua nennen.« Die alte Frau mit der knittrigen Haut setzte sich mir gegenüber – sehr gerade, sehr elegant – und lächelte. Ich fand, sie sah deutlich blasser aus als beim letzten Mal. Vermutlich bleichten alte Menschen mit den Jahren einfach aus.

»Bist du eine Hexe?«, fragte ich, weil ich den Dingen gern auf den Grund ging.

Ihr Lächeln wurde noch breiter. »Ja.«

Der Kater schnurrte.

»Und ... wohnst du immer schon hier?«

»Ja.«

»Wie alt bist du?«

»Sehr alt.«

»Eine Million Jahre?«

»Mindestens, eher eine Trillion Millionen Jahre. Ich zähle meine Geburtstage schon lange nicht mehr.«

Ich nickte verständnisvoll. Mit dem Rechnen hatte ich auch so meine Probleme.

»Ihre Katze geht wohl nicht raus?« Das fand ich verwunderlich, weil unser Jungkater Peterle seine Freiheit über alles schätzte.

»Nein, niemals. Er hatte als junges Kätzchen eine ungute Erfahrung mit einem Schäferhund. Seitdem ist er ein überzeugter Wohnungskater.«

Gargantua miaute, als könnte er jedes Wort verstehen. Es war ein vorwurfsvolles »Schäferhunde sind doof«-Miauen. Das war ganz deutlich herauszuhören, fand ich.

Ich streichelte ihn liebevoller. Wenn man ihn kraulte, dann haarte er. Er haarte auch, wenn man ihn nicht kraulte. So peinlich sauber es in der Küche war, der Boden war übersät von Gargantuahaaren. Vermutlich konnte man sich aus denen einen Pulli zu Weihnachten stricken.

»Sie sind eine Hexe, aber keine böse Hexe«, fasste ich zusammen, als der Teller leergefuttert war.

»Nein, ich bin keine böse Hexe«, sagte sie und kicherte. Es war aber kein gruseliges Hexenkichern, mehr so ein fröhliches Glucksen, wie es meine Nenntante Rosa von sich gab, wenn sie ein Gläschen Likör getrunken hatte.

Und so ergab es sich, dass ich von da an öfter zu ihr kam. Jedes Mal gab es Plätzchen oder Kekse. Und wenn ich wieder nach Hause kam, war ich immer so vollgehaart, dass meine Mutter mir verbot, in die Wohnung zu kommen, bevor sie mich nicht mit einer Fusselbürste einmal von oben nach unten und rundherum enthaart hatte.

Schließlich besuchte ich die gute Hexe und Gargantua regelmäßig. Ich klingelte allerdings niemals von mir aus an der Tür des Hexenhäuschens. Das weiß ja auch jeder, dass man nur auf Einladung hinein darf. Und ich stellte fest, dass im Hexenhäuschen keine Kinder gefangen gehalten wurden. Im oberen Stockwerk stand nur ein alter Plattenspieler.

Wann immer ich an dem Haus vorbeikam, winkte ich Gargantua zu, der reglos am Fenster saß. Er zeigte nie, dass er mich erkannte. Kein Maunzen, kein Wedeln mit dem riesigen Fellschwanz, nichts. Er tat, als wäre ich ihm fremd. Nur wenn ich am Küchentisch saß, kam er zu mir und ließ sich streicheln.

Das ging die ganze Grundschulzeit so.

Dann wurde ich älter. Meine Interessen konzentrierten sich nun auf Gleichaltrige. Vor allem auf Jungs. Ich stattete der Hexe keinen Besuch mehr ab. Das ist, aus heutiger Sicht, bedauerlich, aber so ist nun mal der Lauf der Dinge.

Eines Tages – es ging wieder auf Weihnachten zu – saß ich bei uns zu Hause in der Fensterecke. Ich meine mich zu erinnern, dass ich am Strohsterne-Basteln war. Und bestimmt habe ich dabei auf meinem Kassettenrekorder in Dauerschleife Donny Osmond gehört. Jedenfalls nahm ich aus den Augenwinkeln eine Bewegung vor dem Fenster wahr. Ich sah auf und hätte beinahe einen Herzkasper bekommen.

Es war Gargantua.

Gargantua, der übermäßig behaarte Riesenkater. Gargantua, der nie das Haus verließ!

Woher wusste er, wo ich wohnte?

Diese Frage trieb mich um, als ich das Fenster öffnete und ihn in meine Arme nahm. Er gab keinen Ton von sich, sah mich nur an. Weswegen ich bis heute nicht daran zweifele, dass Katzen sich telepathisch mit uns verständigen können.

Weil ich sofort wusste: Da war etwas passiert! Etwas Schlimmes.

Ich schlüpfte in meinen Mantel und lief, mit Gargantua im Arm, los. Als ich zu dem Hexenhäuschen kam, standen dort ein Polizei- und ein Rettungswagen. Die gute Hexe, noch bleicher als sonst – eigentlich fast schon durchscheinend –, wurde gerade auf einer Trage herausgebracht, was sich als schwierig erwies, weil die Treppenstufen so unterschiedlich hoch und schief waren.

Ein Polizist hielt mich zurück, als ich näher kommen wollte. Aber sie entdeckte mich und sah mich nur an, zu schwach, um zu reden.

»Pass auf Gargantua auf«, schien ihr Blick zu sagen.

Ich nickte, obwohl ich natürlich wusste, dass ich dazu erst zu Hause die Erlaubnis hätte einholen müssen.

Meine Mutter war aber sofort einverstanden, als ich es ihr erklärte, und meinte, ich hätte alles richtig gemacht. Sie würde sich im Krankenhaus erkundigen, wann wir zu Besuch kommen könnten. »Ausgerechnet am Fest ins Spital«, seufzte sie und schüttelte den Kopf.

Gargantua verweigerte an diesem Abend das Futter und ließ sich auch nicht streicheln. Er saß nur am Fenster und starrte in die Nacht hinaus. »Er ist traurig, aber das gibt sich«, meinte Mutter. Das war am Tag vor Heiligabend.

Weihnachten war trotzdem schön. Weil man als sehr junger Mensch ja im Augenblick lebt, und der Augenblick bestand aus Singen, Essen, Geschenkeauspacken. Ich bekam einen Kassettenrekorder mit *zwei* Fächern – mein Wunschgeschenk.

Traurig wurde ich erst wieder am nächsten Morgen.

Da war Gargantua nämlich weg. Vermutlich hatte er sich während des Stoßlüftens aus dem Staub gemacht. Ich sah ihn nie wieder.

Wie ich auch meine gute Hexe niemals wiedersah. Mittags erklärte mir meine Mutter, was Leukämie ist.

Später, sehr viel später, als ich mit meinen eigenen Kindern an dem Hexenhäuschen vorbeikam, in dem schon lange niemand mehr wohnte, weil es modernen Ansprüchen nicht genügte, die Kernsanierung aber ein Vermögen gekostet hätte, sah es noch viel windschiefer aus denn je. Auf dem Dach fehlten Schindeln, das Gargantua-Fenster war zerbrochen und notdürftig mit Brettern vernagelt.

Meine Kleinen erzählten mir, sie hätten von Mitschülern gehört, dass in diesem Haus vor langer Zeit eine Hexe gestorben wäre, und nach ihrem Tod hätte ihr Kater sie vollständig aufgefressen. Bis auf die Knochen abgenagt! Nachts würden beide noch im Haus herumspuken, und man könne den Kater maunzen und die Hexe kichern hören.

Ich lächelte.

Und widersprach nicht.

Ich glaube, meiner Hexe hätte das gefallen.

Henrike Wilson
Der festlichste Kater der Welt

Weihnachten ... Fiasko hat schon viele Feste erlebt.

Doch dieses Jahr hat er sich etwas Besonderes vor-
genommen, es soll ein Weihnachtsfest werden wie
keines zuvor.

Draußen ist es finster, und der Wind wirbelt die
Schneeflocken umher. Leise schleicht Fiasko davon –
durch die Katzenklappe in den Garten und weiter
Richtung Wald.

Mühsam kämpft er sich durch den hohen Schnee den steilen Hügel hinauf. Hoffentlich sind all die Mühen nicht vergebens!

Tatsächlich! Unter den Tannen mit einer Schneeschicht bedeckt, steht der Schlitten der Kinder.

Wie lange schon hat Fiasko von einer Schlittenfahrt geträumt! Heute endlich ist es so weit.

Übermütig springt er auf das Gefährt. Und schon setzt sich der Schlitten in Bewegung.

Er rutscht und schlingert, nimmt immer mehr Fahrt auf. Fiasko schließt die Augen. Herrlich! Unglaublich, diese Geschwindigkeit! Der Wind pfeift ihm um die Ohren. Ein Gefühl unermesslicher Freiheit – wenn diese Fahrt nur nie enden würde.

Apropos enden, wie soll er eigentlich bremsen? BREMSEN ...??

Erschrocken reißt Fiasko die Augen auf und sieht –
nur noch Lichterglanz! Die festlich geschmückte Tanne von Herrn Roman Tisch!

Es gibt kein Entrinnen. Der Schlitten rast mitten
hinein ...

Glück gehabt! Fiasko schüttelt sich. Gerade noch
mal mit dem Schrecken davongekommen. Sogar
der Schlitten hat das Abenteuer überlebt. Und die
Tanne? Ist etwas windschief und weniger strah-
lend ...

Nun aber rasch weg, bevor ihn jemand entdeckt. In sein behagliches Zuhause, wo er sicher schon sehnsüchtig erwartet wird.

O ja, das wird er! Und aufs Liebevollste empfangen. Das Staunen ist groß, denn niemand hat jemals zuvor einen solch festlich geschmückten Kater gesehen.

Ellen Dunne
Von der Muse gekratzt

Mein Name ist Isa, er tut aber für diese Geschichte nichts zur Sache. Im Laufe meiner neun Leben hat man mir so einige gegeben, und die meisten davon habe ich selbst schon vergessen. Von außen mag ich Ihnen normal erscheinen, schwarz mit einer weißen Schwanzspitze und grünen Augen, einmal abgesehen von diesem Hauch von Angora, den ich einem meiner Vorvorvorfahren verdanke und der mein Fell so unwiderstehlich ... aber lassen wir solche Äußerlichkeiten einmal beiseite.

Denn sicherlich haben Sie schon von mir gehört. Oder besser: gelesen. Sollten Sie zumindest, wenn Sie es ernst meinen mit der Literatur.

Im Gegensatz zu dem Werk von Weltruhm, für das ich als Inspiration und Vorlage gedient habe, erinnert man sich nur mehr kaum an mich. Zu Unrecht, aber so ist es nun mal, das Schicksal einer Muse. Immerhin, es hätte schlimmer kommen können. Fragen Sie mal jene Damen, die für Pablo Picasso Modell gesessen haben!

Da war ich mit meinem Schriftsteller besser dran.

James. So nannten ihn die meisten Leute, und seine Frau Nora nannte ihn Jim. Seinen Nachnamen benutzte sie nur, wenn ihr die Geduld mit ihm ausging. *Joyce,* rief sie zum Fenster hinunter, wenn er von einem seiner trinkseligen Abende zurückkam. *James Joyce! Rein mit dir!* Oder *Nimm endlich die Finger von ihr!,* wenn sie eifersüchtig auf mich und die Aufmerksamkeit war, die mir von ihm zuteilwurde.

James und Nora kamen nicht aus meiner Gegend. Sie stammten von einer Insel aus dem Westen, draußen am Rand von Europa. Dort waren die Wiesen so wunderschön smaragdgrün wie meine Augen, erklärte er mir manchmal, und das sogar im tiefsten Winter. Er hatte ein Auge für das Schöne, mein James, buchstäblich, denn der Arme hatte es mit den Augen und trug oft eine Augenklappe.

In mein Revier hatte es ihn und seine Familie verschlagen, nachdem sie eine Weile in einem Ort namens Triest gelebt hatten. Wir lernten uns eines frühen Dezemberabends im *Pfau* kennen, einem Café, in dem er sich gern bis in die Nacht hinein aufhielt.

Er war nicht der einzige Künstler, der dort trank und rauchte und diskutierte, und ich nicht die einzige zukünftige Muse, die sich darin herumtrieb auf der Suche nach Wärme und – wer weiß? – einem Gönner. Gerade in den Wintermonaten waren meine Qualitäten als Jägerin dort nicht unwillkommen.

Doch war ich seit je für ein besseres, komfortableres Leben bestimmt, und als ich James sah, war ich sofort überzeugt – er würde es mir bieten können.

Die Art, wie er mein Zwinkern erwiderte, mir etwas Milch auf einer Untertasse reichte und mich unter dem Kinn kitzelte. Es war Bestimmung! Und es war Advent, da schmelzen eben die Herzen der Menschen wie die Kerzen auf ihren Fichtenkränzen.

Es machte ihm nichts aus, als ich ihn aus dem Café hinaus auf das verschneite Trottoir begleitete. *Ein schwarzes Teufelchen auf weißem Grund*, sagte er, aber ich überhörte diese Unverschämtheit großzügig, er war nicht mehr ganz bei Sinnen. Gemeinsam schnürten wir durch den Schnee, meine Linie um einiges gerader als seine.

Als wir schließlich bei einem recht stattlichen Domizil ankamen, folgte die ernüchternde Erkenntnis, dass er nicht dessen Besitzer war, sondern einen Teil des dritten Stocks bewohnte, und das nur zur Miete. Erste Zweifel über den Lebensstandard, den mir James würde bieten können, keimten auf.

Aber nun war ich schon einmal hier. Und auch die Liebe einer Katze fällt wohin sie will, nicht wahr?

Ich beschloss zu bleiben. Zuerst nur für eine Nacht.

Am Morgen danach kam es zu einer etwas heiklen Szene, als mich Nora in kompromittierender Pose am Küchentisch entdeckte. Anstatt sich zu entschuldigen, mich bei der Pflege der etwas profaneren Körperteile gestört zu haben, forderte sie mich in nicht unklaren Worten auf, den Essplatz ihrer Familie zu verlassen. Wen *Jimmy* sich da nur wieder angelacht habe, gestern im *Pfau*, schimpfte sie mit ihm, und was er sich dabei gedacht habe, seine Bekanntschaften einfach so mit nach Hause zu bringen?

Der so Getadelte schien sich an den genauen Hergang der Ereignisse nicht mehr allzu gut erinnern zu können, dem Stirnrunzeln und angestrengten Blinzeln durch seine runde Brille nach zu urteilen.

Schon befürchtete ich, man würde mich vor die Tür begleiten, und das noch vor einem Frühstück! Noras Absichten diesbezüglich lagen in jedem Fall auf dem Tisch.

Zu meinem Glück tappte jedoch ein kleines Mädchen mit dunklen Haaren und Silberblick herein und hielt mich umgehend für ein verfrühtes Weihnachtsgeschenk. Ich muss zugeben, diese menschlichen Kätzchen sind nicht so wirklich nach meiner Façon, es fehlt ihnen meist das nötige Fingerspitzengefühl für den Umgang mit unsereinem. Aber ich erkenne eine Chance, wenn ich sie sehe.

So ließ ich mich klaglos in den Schwitzkasten ihrer spontanen Begeisterung nehmen, mich an sie drücken, und das in engster Nachbarschaft mit einer Stoffpuppe, die unter der jahrelangen Zuneigung des Mädchens schon sichtlich gelitten hatte.

Ein Kätzchen, quietschte sie mir ins Ohr, das habe sie immer schon gewollt!

Nein Luci, du wolltest immer schon einen Hund, gab Nora mit verzweifelter Strenge zu bedenken. Sie ahnte wohl, dass ihre Tochter im Begriff war, sie auszumanövrieren.

Papa hasst aber Hunde, konterte diese prompt mit der den kleinen Menschen oft unbestechlichen Logik. Und auch ihr Bruder Giorgio wollte ein Haustier. Damit waren die Würfel zu meinen Gunsten gefallen, und Nora servierte mir, ihrem Schicksal ergeben, sogar ein paar kalte Reste des Abendessens als Frühstück. Wenn schon nicht ein Friedensangebot, dann eines zum Waffenstillstand.

Wahrscheinlich dachte sie, dass ich schon von selbst wieder verschwinden würde, sobald Lucias Interesse an ihrem »Weihnachtsgeschenk« erlahmte. Das machte mir aber wenig aus. Ich hatte schließlich meinen James!

Ach, diese gemeinsamen Stunden in seinem Schreibzimmer! Darin verbrachte er die meiste Zeit, wenn er zu Hause war. Niemand durfte es unangemeldet betreten. An solch lächerliche Verbote mochte sich halten, wer wollte – ich jedenfalls nicht.

Wobei – in meinen ersten Tagen im Hause Joyce war nicht ganz klar, wobei man ihn eigentlich störte. Er saß nur da. Kritzelte mal hier, mal da in seinen Schriften, erstellte Listen, strich darin herum, mal in rot, mal in blau. An seinen Fingern landete mehr

Farbe als auf dem Papier. Er lag auf dem Bauch auf seinem Divan und dann auf dem Rücken und dann wieder auf dem Bauch. Rieb sich stöhnend die Augen, immer wieder. Sie machten ihm Probleme, genauso wie sein neuer Roman, an dem er schrieb. Drei Kapitel seien erst fertig, aber seit er sein geliebtes Triest in Italien verlassen hatte, fand er zu seinem überaus großen Verdruss – und zu dem seiner ungeduldigen Geldgeber – nicht mehr hinein in sein Werk. Und was für ein Werk es werden würde! Das prophezeite er mir schon, als ich es mir zum ersten Mal auf einem Ende seines Diwans bequem machte.

Ein großes Werk, ein monumentales! Eines, das die Welt nicht nur abbilden, sondern aus ihren rostigen Angeln heben solle. Eine Liebeserklärung an seine geliebte, dreckige Heimatstadt Dublin, die er aber nie wiederzusehen beabsichtigte. Sie solle damit unsterblich werden, und auch er selbst, und alle, die in dem Roman vorkämen.

Mein Einwand, warum man einem Ort, den man hasst, überhaupt ein Denkmal setzen will, oder ihn gar unsterblich machen, wurde missinterpretiert. Anstatt mir zu antworten, tätschelte er mir den Kopf und holte mir eine Extra-Ration Milch. Auch nicht schlecht.

Er sagte noch eine Menge mehr, aber der gute James neigte zum Ausufern und zu noch mehr Gedankensprüngen als unsereins. So driftete meine Aufmerksamkeit bald ab, und ich ergab mich dem Komfort des roten Samtstoffes des Diwans. Aber der Teil mit dem »unsterblich machen«, der hörte sich gut an.

Und so leistete ich James Tag um Tag Gesellschaft bei seinem einsamen Kampf. Beobachtete vom Diwan aus die verführerisch tanzenden Spitzen seiner Stifte, während er schrieb, oder die, die stets ein wenig von ihm wegrollten, wenn er sie zur Seite legte. Meinem Drang, sie mir zu angeln oder mit viel Sorgfalt über die Tischkante zu schieben, widerstand ich tapfer. Nun ja, zumindest meistens. Aber was sollte ich machen? Auch eine Muse hat ihre Instinkte!

Oft verwies er mich mit wenig überzeugender Strenge zurück auf den Diwan. War seine Strenge überzeugender, wechselte ich auf das Fenstersims, um von dort mit leidendem Blick die Schneeflocken zu beobachten.

Wenige Minuten später kam er dann zu mir, entschuldigte sich und tat mir schön, kraulte mich zwischen meinen Ohren, massierte sie sogar mit dem Zeigefinger und dem Daumen, bevor er ganz nahe kam und mit der Nasenspitze an meinen Kopf stupste.

Mein Kätzchen, du verstehst mich so viel besser als ich dich, sagte er dann, und ich stimmte ihm zu, aber auch das verstand er nicht. Ach, die Menschen.

Trotzdem gab es zwischen uns das stumme Einverständnis, dass alles unser Geheimnis bleiben würde, dass niemand, nicht mal Nora, von diesen zärtlichen Momenten erfahren würde.

Sie waren eine kurze Verschnaufpause, bevor er wieder zu seufzen, sich die Haare zu raufen und seine kreative Blockade zu beklagen begann, seine Stimmung ein düsterer Nebel, der sich durch die Räume der Wohnung zog. Nora, die einen Haushalt zu führen hatte und zunehmend weniger Geduld mit den Empfindsamkeiten der Künstlerseele hatte, verdrehte die Augen. Und auch die Vorweihnachtsstimmung der Kinder war getrübt. Mit allerlei Faxen versuchten sie, ihren Vater aufzuheitern, aber nur mit kurzfristigem Erfolg.

Schließlich brach der Morgen des Weihnachtsabends an.

Nora und die Kinder waren aus dem Haus gegangen, um die Kinder ein wenig von der Aufregung des großen Tages abzulenken, aber auch um der Laune ihres unzufriedenen Familienoberhauptes zu entfliehen. Wie jeder Künstler in einer Schaffenskrise war James eine rechte Landplage.

Ich saß in der Küche und wartete auf mein Frühstück, das Nora abgesehen vom ersten Tag als Aufgabe ihres Mannes betrachtete.

Eine Zeitlang beschäftigte ich mich mit dem Lametta des Weihnachtsbaumes, um mich abzulenken.

Als jedes erreichbare Fädchen von den Zweigen gezupft und er immer noch nicht aufgetaucht war, pos-
tierte ich mich vor der Tür zum Schlafzimmer und
trug James mein Anliegen vor. Es brauchte einiges
an Nachdruck, und möglicherweise trug die Tür
auch den einen oder anderen Kratzer davon, bevor
sie sich öffnete. Endlich kam er heraus, wie ein ech-
ter Gentleman bereits fertig zum Ausgehen.

Sagte – *Ach, da bist du ja!* –, als sei er überrascht
über meine Anwesenheit. Er ging hinüber zum Ofen,
in dem noch die Kohlen glühten, setzte einen Teekes-
sel darauf. Betrachtete mich interessiert von oben, beide Hände untätig in die Hosentaschen geschoben.

Und wo blieb mein Frühstück?

Ich wies ihn erneut auf seine Aufgabe hin, sehr
deutlich, wie ich fand.

Miau!, antwortete er.

Machte er sich über mich lustig?

Mrgknau!, sagte er nach einer kurzen Nachdenk-
pause.

Ich hatte nicht die geringste Ahnung, was er mir
mit diesen seltsamen Lauten sagen wollte.

Aber James schien zufrieden. Seine Lippen zogen
sich in die Breite, und die betrübten Augen hinter
seinen runden Brillengläsern strahlten, zum ersten
Mal seit Tagen.

Mrkgnau!, sagte er zu mir und schien mehr als
vergnügt. *Mrkgnau!*

Ich war entsetzt. Der arme James! Offenbar hatte er über den Kampf mit den Worten seinen Verstand verloren. Und das ausgerechnet zu Weihnachten. Was würden die Kinder sagen, was Nora? Und vor allem – wie würde ich so an mein Frühstück kommen?

Stattdessen beugte er sich zu mir herab und nahm mich zum ersten Mal hoch und in seine Arme. Eine eher entbehrliche Erfahrung, wie ich sagen muss, weil er sich recht ungeschickt anstellte, aber zumindest der düstere Nebel der vergangenen Wochen war verschwunden. Nicht nur aus seinem Gesicht, sondern gleich aus der ganzen Wohnung. Dann sollte mir auch dieser Überschwang recht sein.

Du bist ein wahres Genie, Pussilein, flüsterte er in mein Fell. *Eine Inspiration! Mein Weihnachtsgeschenk! Mrkgnau!* Und dann lachte er noch einmal wie irre geworden. Auch mein gezielter Wink mit der Pfote, mich jetzt endlich runterzulassen, konnte seiner guten Laune nichts anhaben.

Na komm, Pussilein, hier hast du deine Milch. Und dann muss ich schreiben, und zwar schleunigst!

An jenem Heiligen Abend kam James' Familie zu einem Schriftsteller nach Hause, der endlich wieder das tat, was er sollte – schreiben wie im Fieber.

Ausgerechnet am Heiligen Abend bist du mit dem Kopf wieder ganz woanders, seufzte Nora. Aber sie lachte dabei und servierte mir zum gemeinsamen Weihnachtsessen sogar ein ganz dünnes Scheibchen

Leber. Sie wusste genau, wem sie den Weihnachtsfrieden zu verdanken hatte, wenn James' Roman nun vielleicht doch fertiggeschrieben wurde. Und das tat er. Auch wenn es noch einige Jahre dauerte, bis er sein Werk beendete. Es wurde so monumental wie geplant. *Ulysses*, so nannte er es schließlich. Vielleicht haben Sie schon davon gehört? Und wie versprochen, machte James mich, seine kratzbürstige Muse, darin unsterblich.

Das hört sich unglaublich für Sie an? Oder gar weihnachtsmärchenhaft? Dann schlagen Sie doch einfach selbst einmal nach im *Ulysses*. Sie finden mich auf Seite 73. *Mkgnau!*

Christine Grän

Katzenjammer

Sie sollten wissen, dass ich ein Gewohnheitstier bin. Zumindest in Ansätzen darauf Rücksicht nehmen, doch nein, sie treiben es auf die Spitze und werden mich noch dazu bringen, Amok zu laufen. Monster-AG oder Familie, das ist ein und dasselbe, und niemand in diesem Haus kümmert sich noch angemessen um meine Grundbedürfnisse: Essen, Schlafen, Sex.

Das Kalbsragout habe ich schon zum Frühstück verschmäht. Reste von gestern! Sie ignorieren völlig, dass ich mit angewidertem Gesicht davorsitze und mit den Augen rolle. Sieht mir einer in die Augen? Nein, sie sind damit beschäftigt, ein riesiges, nasses Gewächs ins Haus zu schaffen. Matschiger Schnee tropft von spitzen grünen Nadeln und hinterlässt kleine Lachen auf den Fliesen, die die Frau gestern noch gereinigt hat. Das ganze Haus stank nach der chemischen Keule, die sie auf dem Boden verteilte, und dann schrubbte sie wie eine Besessene und scheuchte mich überall auf, wo ich einen Ruheplatz gefunden hatte. Raus ließ sie mich aber auch nicht, weil es schneite. Ich bin nicht aus Watte, und jenseits der Tür warten die Weiber, scharfe Kätzchen mit spitzen Krallen, die ihre kostbare Lebenszeit nicht mit Bohnern vergeuden.

Die Frau sieht gestresst aus und kommandiert den Mann mit dem Baum durch das Wohnzimmer in den Wintergarten. »Pass doch auf, du machst ja alles schmutzig«, sagt sie, als ob er eine Wahl hätte. Baum ist Baum, und Schnee ist Schnee, und Frauen sind unlogische Geschöpfe, ganz egal, auf wie viel Beinen sie stehen.

Ich folge den Schneespuren und beobachte, wie sie den kastrierten Baum in ein Holzkreuz zwängen. Nadeln rieseln, und ich frage mich, was das Ganze soll? Ein knappes Jahr bin ich jetzt bei der Monster-AG, und eine derartige Hektik im Betrieb ist noch nie vorgekommen. Das Kind hüpft um den Baum wie Rumpelstilzchen, der Mann flucht, und die Frau wischt um beide herum. Wird er sie töten, weil sie der Sucht der permanenten Säuberung verfallen ist? Nein, er malträtiert nur das Gewächs mit seiner Hacke, und dann steht es frei im Raum, vom Kreuz getragen. Ein bisschen schief, würde ich sagen, aber mich fragt ja keiner.

Sieht eigentlich ganz interessant aus. Der Baum. Ich springe vom Sessel mit einem gewaltigen Satz in die grüne Hölle, nur so, aus Langeweile. Sie schreien. Immer schreien sie, wenn ich etwas Wagemutiges tue. Zum Beispiel Vasen besteigen. Sie sind glatt und nicht so pieksig wie die Nadeln, die mich berühren. Der Baum, mein Feind. Ich fahre die Krallen aus und hänge an einem der stärkeren Äste. Sie schreien immer noch, und dann packt mich die Frau im Nacken und wirft mich zu Boden. Recht unsanft.

»Böse«, sagt sie. Ein oft gehörter Klang, vielleicht sollten sie mich einfach so nennen statt »Zorro«, das würde die Sache vereinfachen, und jetzt mache ich mich aus dem Staub und lasse sie mit ihrem schiefen Baum allein. Mich drängt es in die Küche, wo es nach Zimt, Nelken und Kokosnüssen riecht. Die Kekse im Herd nehmen eine dunkle Farbe an, ich sehe es durch den Bildschirm. Dieses Programm ist oft besser als im Fernseher im Wohnzimmer. Dieses hier riecht so fein, besonders, wenn Braten oder Fisch angesagt sind. Dann könnte ich stundenlang davorsitzen. Jetzt ist vor allem das Farbspiel interessant – es wechselt von braun zu schwarz.

»O Gott, die Makronen.« Die Stimme der Frau, und sie klingt hysterisch, also springe ich vorsorglich auf den Küchenschrank, ein Platz so hoch oben, dass die Welt zu meinen Füßen liegt. In diesem Fall personifiziert durch eine Blondine, die sich beim Öffnen der Herdtür die Finger verbrennt und schimpft wie ein Rohrspatz. Die Welt ist ein kulinarisches Jammertal, aber muss das kleine Mädchen so heulen, nur weil die Kekse jetzt Kohle sind?

»Frohe Weihnachten«, sagt der Mann, der jetzt auch in der Küche steht. Feine Ironie ist seine Waffe in Monster-Krisen – aber was zum Teufel ist Weihnachten? Es muss etwas Schreckliches sein, wenn alle so unfroh sind. Draußen ist es kalt und grau, und drinnen spielen sie verrückt. Die Frau wirft die Kohlekekse in den Müll, das Mädchen plärrt immer noch, und der Mann flieht in sein Arbeitszimmer. Miau. Ich möchte meinen Sommer wiederhaben, und die emsige Ruhe, die da herrscht. Die blühenden Blumen und die lustigen Insekten, die zwitschernden Vögel und die flitzenden Mäuse, die Streifzüge durch die Nachbargärten und die Kommunikation mit meinen Artgenossen, besonders weiblicher Natur. Der Winterschlaf, er sollte für alle gelten, zumindest für Katzen.

»Ich will neue Kekse«, kreischt das Mädchen, doch die Frau sieht auf die Uhr und sagt, sie müsse jetzt in die Stadt, zum Einkaufen. Das ist auch so ein Symptom dieser unfrohen Zeit: Ständig ist sie unterwegs und kommt mit großen Tüten zurück. Katzengourmetnahrung? Weit gefehlt, aus diesen Tüten quellen Pakete, und die Pakete sind verschnürt wie Mumien. Ich würde zu gern ihren Inhalt untersuchen, doch ständig scheucht sie mich weg, wenn ich dem natürlichen Interesse an meiner Umwelt Ausdruck gebe. In jeder anderen Jahreszeit ist sie froher, von dem quengeligen Kind ganz zu schweigen. Nur der Mann lässt sich nicht aus der Ruhe bringen. Schließt sich in seinem Arbeitszimmer ein und erscheint nur zum

Essen. Böse wird er, wenn das Radio zu laut ist. In den letzten Wochen produziert es seltsame Klänge, sehr monoton und verdammt kitschig. Gefällt mir überhaupt nicht, weil ich mehr auf Cool Jazz stehe. Katzenmusik mit Gänsehauteffekt. Apropos Gans: Im Kühlschrank liegt ein totes Exemplar. Als es noch draußen lag, wollte ich reinbeißen, doch das Vieh war kalt wie Eis und hart wie Stein. Das wollen sie doch nicht etwa essen, bloß weil Weihnachten ist, was immer das heißt? Großer Katzengott, lass diese Zeit schnell an uns vor überziehen!

»Zorroschatzi, komm herunter«, piepst die kleine Blonde tief unten. Sie hält einen von den Kohlekeksen in der Hand. Hält sie mich für blöd? Schatzi denkt überhaupt nicht daran, sich in die Niederungen dieses Chaoshaushalts zu begeben. Ich werde hier oben bleiben und in den Winterschlaf verfallen. Hungerstreik inklusive, ja, dann werden sie aufwachen, Weihnachten abschaffen, mich angemessen verpflegen und in die Freiheit entlassen. Mein Magen knurrt. Hört es denn keiner? Nein, weil das Radio eingeschaltet ist. Sie singen schon wieder was Salbungsvolles, es ist zum Mäusekotzen. »Ruhe«, schreit der Mann von oben. Klingt auch schon recht gereizt. Vielleicht ist Weihnachten nur ein Synonym für Weltuntergang, und wir werden alle sterben. So wie die Gans, die kalte, die in ihrem Leichenschauhaus ruht und womöglich auf die Auferstehung wartet.

Man denkt immer, es kann nicht schlimmer kommen, doch das ist böser Optimismus. Am nächsten Tag (ich hatte mich nachts mit Todesverachtung über das abgestandene Fressen hergemacht, weil der Hungerstreik rein gar nichts gebracht hatte) erschien die faltige Person, die von der Monster-AG Oma genannt wird. Sie hatte viele Päckchen dabei und Kekse, die nicht schwarz waren. Sie schnaufte heftig und küßte das Kind, und ich folgte ihrem Gurren, als sie mit einer Leckerstange fuchtelte. Meine Lieblingszwischenmahlzeit, immerhin ist die Faltige jemand, der sich von Weihnachten nicht vollends verblöden läßt. Sie öffnete mir sogar die Tür zum Garten, doch draußen war es widerlich kalt, und der Schnee ließ nur ein unelegantes Hüpfen zu, bei dem ich mir lächerlich vorkam. Keiner von meinen Kumpels unterwegs, keine Weiber in Sicht, alles ist weiß und schwer, und so sitze ich nun vor dem Wintergarten und sehe mit Staunen hinein.

Sie tanzen um den Baum, nein, sie behängen ihn mit Krempel, nicht etwa mit schmackhaften Nahrungsmitteln, sondern glitzernden Kugeln und Süßigkeiten, in goldener Folie verpackt. An diesem Verpackungsmaterial kann man sich die Zähne ausbeißen, das kenn ich schon von Ostern. Selten war mir so übel wie nach diesen Überraschungseiern. Wozu diese ganze Einwickelei? Einpacken, auspacken, das ist doch Verschwendung von Lebenszeit.

Unsereiner hat sieben Leben, und sie haben nur eins, doch sie verplempern die Stunden und Tage, als wären sie unsterblich. Man macht sich so seine Gedanken: Liegt ihr Problem darin, dass sie nur zwei Beine haben? Zu viel reden? Zu wenig jagen und zu viel fernsehen? Oder sind sie einfach zu groß geraten für den kleinen Kopf? Egal, sie stehen immer noch an der Spitze der Nahrungskette, das muss man akzeptieren, wenn man sich's nicht mit ihnen verderben will. Mir ist kalt, aber den Teufel werde ich tun und wieder ins warme Haus zurückkriechen. Sollen sie nur zusehen, wie ich langsam erfriere. Dann werden sie mich zur Gans legen und weinen und schwören, Weihnachten abzuschaffen. Der Gedanke rührt mich. Bis mir einfällt, dass sie sogar meinen Hungerstreik ignoriert haben.

Möglicherweise wären sie sogar fähig, mich zu braten wie die Gans, die mittlerweile im Herd ihrer Feuerbestattung zugeführt wird. Scheint eine miese Zeit für Flattermänner zu sein. Von Katzen und Menschen ganz zu schweigen ...

Das Kind haben sie vor den Fernseher verbannt, Oma dirigiert das Geschehen von meinem Sessel aus, und Mann und Frau verunstalten den Baum weiterhin mit Glitzermüll. Zum guten Schluss stecken sie Kerzen an die Äste. Es sieht bescheuert aus. Oma öffnet mir endlich die Tür, ich gehe mit erhobenem Schweif ins Haus und folge meiner Nase in Richtung Küche, wo es himmlisch duftet. Sie tragen jetzt die verschnürten Pakete in den Wintergarten, es sind recht viele, und legen sie unter das, was einmal ein Baum war. Die Frau deckt den Tisch, und der Mann öffnet Flaschen. Oma arrangiert ihre Kekse und sieht erschöpft aus.

»Wann kommt das Christkind?«, ruft das Mädchen. Aha, man erwartet noch jemanden! »Bald«, sagt der Mann und sucht fluchend nach Streichhölzern. Sie haben mir Trockenfutter hingestellt, das zwischen den Zähnen knirscht und wie Pappe schmeckt. Die dumme Gans ist außer Reichweite, noch immer im heißen Fernseher in der Küche, doch der Duft ist verführerisch. Ist Weihnachten ein Fest der Gerüche? Ein Katzenfolterfest?

Draußen wird es dunkel, und alle ziehen sich jetzt schon an, vielleicht für den geheimnisvollen Gast? Aber der läßt auf sich warten, und die Gans ist inzwischen fast so braun wie die Kekse, die wie kokelnde Holzkohle aus dem Müll stinken. Die Frau hantiert hektisch in der Küche und stört sich an meiner Anwesenheit vor dem Herd. Grob wirft sie mich aus meinem Duftparadies, und ich schleiche auf leisen Sohlen in den Wintergarten, wo ich mich hinter dem Sessel verstecke. Eine vorbeugende Maßnahme, falls sie mich hier auch nicht dulden wollen.

Draußen ist es jetzt rabenschwarz, und der Mann entzündet die Kerzen auf dem Baum. Haben wir

Stromausfall, oder wie darf ich das verstehen? Die drei Frauen und der Mann stehen nunmehr um den brennenden Baum und singen, wenn man das so nennen will – aber kann man da mit Fug und Recht von »Stiller Nacht« sprechen? Es klingt, als ob drei sieche Katzen und ein Bär den Mond anheulen. Ich bleibe in meinem Versteck, obwohl es mich reizt, sie musikalisch zu begleiten.

Jetzt hören sie abrupt auf und sagen »Fröhliche Weihnachten«, jeder zu jedem, und sie küssen einander reihum. Es wird immer seltsamer. Der Baum brennt. Lichterloh. Aber keiner holt die Feuerwehr. Seelenruhig machen sie sich über die Pakete her. Das Kind zerfetzt Papier, und Oma weint beim Auspacken. Hat zumindest die alte Frau begriffen, wie furchtbar das alles ist? Jemand sollte etwas unternehmen, bevor der Baum abbrennt. Und wir mit ihm. Gleich sehen wir alle aus wie das beklagenswerte Geschöpf im Backofen. Ich bin noch so jung, ich will nicht sterben.

Kollektiver Massenselbstmord der Monster-AG, nein, das werde ich nicht zulassen. Einer muss der Held sein. Verwegen und furchtlos. Sein Name ist Zorro. Der Name verpflichtet. Was jetzt zu tun ist, habe ich ja vorhin schon einmal geprobt: Zuerst auf den Sessel und dann ... mit einem gewaltigen Satz rauf auf den Feind. Es wird nicht schmerzfrei abgehen, doch davor schreckt ein Zorro nicht zurück ...

Frohe Weihnachten … Stille, Heilige Nacht, heiliger Bimbam … ich springe …

Haben Sie schon mal einen Kugelglitzerbaum fallen sehen? Ein unglaubliches Geräusch ist das. Getöse und Geklirre allenthalben, begleitet von unmenschlichem Geschrei. Ich bin natürlich abgesprungen, als der Baum zu Boden ging, und habe hinter dem Sessel Zuflucht gesucht. Zugegeben: Jetzt brannte es noch ein bisschen mehr als zuvor. Nicht nur die Kerzen. Auch die Einwickelpapiere … Doch sie haben es gelöscht, mit viel Wasser und Gekreische. Sehr behende waren alle, sogar die Oma, und der Wassernachschub aus Küche und Bad klappte vorzüglich. Die Monster-AG in Hochform, Abenteuer live, und schade nur, dass sie die Kamera vergaßen, die auf dem Tisch lag. Es wäre ein netter Film geworden.

Der in einer Wasserlache liegende Baum sah allerdings traurig aus. Roch auch komisch. Ich hielt es für angebracht, meine Deckung nicht zu verlassen. Heldentaten werden oft verkannt, besonders von Zweibeinigen. Am Ende umarmten sich alle und sagten, wie schön es sei, noch am Leben zu sein.

Ganz ihrer Meinung. Ich weiß jetzt, was Weihnachten ist: die gefährlichste Zeit des Jahres.

Eva Demski
Der Geist der Weihnacht

Seit langer Zeit wird jeden Abend auf meiner Terrasse ein kleines Buffet aufgebaut, für umherschwei-
fende Katzen und Kater. Es haben sich auch Mäuse
und Elstern, Igel, Amseln und Eichhörnchen daran
bedient. Seltsamerweise ist es kaum je vorgekommen, dass die eigentlichen Besucher ihre Mitgäs-
te als Teil des Buffets gesehen und aufgegessen hätten. Viele Katzen haben sich im Lauf der Jahre
dort versorgt, auf der Durchreise oder regelmäßig,
manch eine blieb, manch eine brach mir das Herz,
wenn sie sich nicht mehr blicken ließ. Das Herz verliert aber im Lauf der Jahre seine Fähigkeit mit Lie-
beskummer umzugehen. Es heilt nicht mehr richtig.

Ein Jahr vor Beginn der Pandemie hatte ich Stal-
ker, meinen wundervollen, bei mir sesshaft gewor-
denen Kater, nach fünf Jahren gemeinsamen Glücks
an den Krebs verloren. Auch er hatte über das Nacht-
buffet zu mir gefunden, aber um ihn soll es in dieser
Geschichte nicht gehen, sondern um Wege und Irr-
wege der Liebe. Dass die durch den Magen geht, ist
ja nur ein lächerlicher Teil der Wahrheit. Mit irgend-
was fängt sie eben an, Essen ist da keine schlechte

Möglichkeit. Dabei, das hatte ich für mich beschlossen, sollte es aber künftig bleiben.

Bei meinem Dauergast Polly, einem Schwarzweißen mit meist zerkratzter Schnauze, ist die Gefahr nicht gegeben, ihm emotional zu verfallen. Er faucht mich regelmäßig an, bevor er seine verdünnte Kondensmilch herunterschüttet und dann nachsieht, ob das Trockenfutter von der ihm genehmen Sorte ist. Er schüttet wirklich – ich habe noch nie einen Kater so schnell trinken sehen. Ich habe ihn gern, diesen Freien unter all den kastrierten und domestizierten Katzen und Katern. Ihm die gleiche Behandlung angedeihen zu lassen – was ich richtig gefunden hätte – ist illusorisch. Man kriegt ihn nicht. Eine Falle ist keine Option. Er kommt und geht, wie es ihm gefällt. Nein, keine Liebe, gottlob nicht. Dadurch auch keine Angst, sondern ein vages Vertrauen auf seine Katerschlauheit. Wenn er aber ein paar Tage nicht kommt, werde ich unruhig.

An einem Novembertag im Jahr 2021 hatte ich eine Erscheinung. Da tauchte eine Art Geist in meinem Garten auf. Einen wie den hatte ich in all den Jahren noch nicht gesehen. Er hatte großen Hunger, was zu einem Geist nicht passt, und fraß gierig alles, was da stand. Pollys Milch rührte er allerdings nicht an. Wenn ich näher kam, machte er meterhohe Sätze vor Panik. Der Kater – ich wusste von Anfang an, dass er ein Er war – war vollkommen weiß. Ganz und gar weiß, kein einziges dunkles Haar, rosa Nase, rosa durchscheinende Ohren. Für die Beschreibung seiner Augen muss ich einen Ausdruck von Klaus Mann klauen – *juwelenäugig*. Ja, das war er, ein blasses, leuchtendes Grün, ganz hell. Er war sehr scheu, ging aber nicht mehr weit weg. Im Nachhinein denke ich, er fühlte sich damals bei mir angekommen, jedenfalls fürs Erste, wie einer auf der Flucht, der vorübergehend einen ruhigen Ort mit Versorgung gefunden hat.

In den ersten Tagen machten wir Fotos, viele Fotos. Ute aus dem ersten Stock, katzenerfahren, war genau so fasziniert von ihm wie ich. Ich sah, dass er kastriert war. Wir dachten beide, dass er ein Heim habe und es wiederfinden würde. Ich meldete ihn bei der Polizei, *er ist ganz weiß*, sagte ich, *ein kastrierter Kater* – er muss doch jemandem gehören. Schon damals dachte ich, dass in seinem Fall die Formulierung eigentlich sein müsste: *Er muss doch jemanden besitzen.*

Ich nannte ihn *Ghosty*. So rief ich ihm, und er hörte darauf, wie Kater eben so hören. Trotz seiner rein weißen Farbe war er durchaus nicht taub – was weiße Katzen oft sind –, und er hatte offenbar siamesische Vorfahren. Ich war mit Siamkatzen aufgewachsen und erkannte das Aristokratische:

We are siamese, if you please
We are siamese, if you don't please!

in ihm wieder. Das Liedchen aus *Aristocats* passte gut zu ihm.

Weihnachten kam, die Pandemie verbreitete Furcht und Schrecken, gefeiert wurde entweder mit einer gewissen Verzweiflung oder gar nicht. Der *Geist der Weihnacht* hatte an diesem sonderbaren Jahresende für mich jedenfalls vier Beine.

Ute hatte eine geniale Idee und kaufte Ghosty ein Iglu, so eine Plüschhöhle, die oben spitz zulief. Ich stellte das Ding auf meine Terrasse, und er bezog es mit Wohlwollen. Jeden Morgen schaute ich als Erstes hinaus, da war der weiße Kopf, und da war sie wieder, die Liebe, der ich ein für alle Mal abgeschworen hatte. Nein, nein und abermals nein. Nicht mehr warten und Angst haben und das verlorene Herz suchen.

Silvester hatte sich unser Kiez offenbar zu einer Superknallerei verabredet. In der Innenstadt und am Main war alles wegen Pandemie verboten, da witterten die Hiesigen ihre Chance. Wie in jedem Jahr dachte ich besorgt an die Tiere, und wie in jedem Jahr hatte ich leider meinen Spaß und schrie *Ah!* und *Oh!* mit den Nachbarn, die sich auf der Straße versammelt hatten. Offenbar hatten die Jungen aus der Gegend halb Polen leergekauft, es war wirklich gewaltig.

Unter all der Freude an der Stimmung lauerte die Sorge, ob Ghosty dem gewachsen sein würde. Ich hatte ihn von Anfang an für weltläufig gehalten, großstadterfahren, er vermittelte diesen Eindruck. Daran dachte ich in all dem Getöse mit einer gewissen Zuversicht.

Am Neujahrsmorgen war er da. Und so scheu und nah wie die Wochen zuvor. Und dann, Mitte Januar, wurde er zahm – nicht allmählich, sondern abrupt, als hätte er einen Entschluss gefasst. Und zwar überwältigend und vollkommen zahm. Er schmiss sich aufs Bett, warf sich an meine Seite, wuchs über drei Viertel des Sofas, schnurrte mächtig und benahm sich, ich kann es nicht anders sagen, *bossy*.

Es war klar, dass er all das schon für jemand anderen gewesen war, und es schien, als habe er sich gesagt, na meinetwegen. Dann nehmen wir halt, was da ist. Die Nächte verbrachte er immer noch in seinem Iglu, aber nicht, weil er das wollte, sondern weil ich es für richtig hielt. Wegen der Sache mit der Liebe. Mein Bett wäre der letzte Schritt zur Unwiderruflichkeit gewesen.

Am 17. Februar sah Ute von ihrem Küchenfester im ersten Stock aus, wie eine junge Frau im Haus gegenüber einen Zettel in den Briefkasten steckte. Erkennen konnte sie das Wort GESUCHT! und zwei rosa-weiße Ohren. Dann ging alles sehr schnell, Zettel holen, bei der Nummer anrufen, noch mal anrufen, Handynummer der jungen Frau. Uns war klar, wer da gesucht wurde. Die junge Frau war noch in der Gegend, und dann warteten wir in meiner Wohnung. Die Blicke von uns dreien waren auf die Terrassentür gerichtet. Der Besitzer der gesuchten Ohren war gerade zu einem kleinen Mittagsspaziergang aufgebrochen.

Seinen Gesichtsausdruck, als er zurückkam und die Stimme seiner eigentlichen Liebe hörte und sie dann sah – den werde ich nie vergessen.

Echt jetzt?, schien er zu sagen.

Wir drei Frauen weinten, Ute holte eine ihrer Katzentaschen, Ghosty, der eigentlich Nero hieß, ließ sich wie ein Lämmchen hineinheben.

Er war schon im September des vergangenen Jahres aus seinem Zuhause, das er mit einer Katze, einem kleinen Hund und J. – wir duzten uns sofort – teilte, verschwunden. Es ist ein entfernter, sehr dicht besiedelter Stadtteil, bis er zu mir gekommen ist, muss er weit über einen Monat herumgeirrt sein.

J. hatte nie aufgehört, ihn zu suchen. Aber bei uns hingen natürlich keine Plakate, dafür waren wir zu weit von seinem Zuhause weg. Aus unerfindlichen Gründen hatte die Polizei meine Meldung nicht weitergegeben. Einer unserer Nachbarn hatte Ghosty fotografiert und über die sozialen Netzwerke war J. an das Foto und in unsere Straße gekommen.

Auf dem Suchplakat stand:
Siamkatze-Europäisch-Kurzhaar-Mix
Farbe: Weiß

Er ist einmalig, der Ghost, der jetzt wieder Nero heißt.

Wo er von Ende September bis Mitte November gewesen sein mag? Wir werden es nie erfahren. Wir bekommen Bilder und kleine Filmchen von ihm. Er sieht immer sehr *bossy* darauf aus, ein weißer Rudelchef.

Ein Glück, dass ich ihn nicht in mein Bett gelassen habe. Sonst hätte die Geschichte kein glückliches Ende. Aber so hat sie eins.

Christiane Lind
Weihnachten mit Dackel

Miörgh! Oh, klasse! Meins! Alles meins! So viel Kra-schelpapier gönnt sie mir sonst nie. Und die bunten glitzernden Kugeln! Mit denen kann ich so toll spie-len. Alles für mich. Miörgh!

»Wir machen es uns richtig schön, Maunz!« Auf Zehenspitzen balanciert Iris auf der Sessellehne, um den zweiten Weihnachtskarton vom Schrank zu an-geln. In der ersten Kiste sitzt Maunz zwischen Ge-schenkpapier und Weihnachtskugeln. »Nur du und ich.«

Der weiß-grau getigerte Kater antwortet ihr mit einem lauten »Mack«.

Iris schaut nach unten. Maunz ist aus der Kiste herausgesprungen und blickt aufmerksam zu ihr hoch. Nicht, weil er sich für ihre Worte interessiert, sondern weil er auf etwas zu essen hofft. Er legt den runden Kopf schief und reißt die großen Augen noch ein bisschen weiter auf. Sein bester Bettelblick, der bei Iris leider immer funktioniert. Obwohl die Tier-ärztin sie bei jedem Besuch vorwurfsvoll anschaut und mahnt: »Dicke Katzen sind unglückliche Kat-zen.« Iris spart es sich, zu antworten, dass ein hung-riger Maunz nicht nur unglücklich, sondern auch unglaublich laut ist. Wie oft hat sie schon versucht, das Futter des Katers etwas zu rationieren – es aber bald wieder aufgegeben.

»Du könntest wenigstens deinen Bauch einziehen, wenn du hier auf unterernährt machst.« Iris schüttelt lachend den Kopf. Mit einem Seufzer stellt sie den Karton ab und geht in die Küche, um dem Kater von seinen Lieblingsleckereien zu geben. Schließlich ist bald Weihnachten.

Während Maunz sich gierig über die Snacks hermacht, kehrt Iris zur Weihnachtsdekoration zurück. Vorsichtig hebt sie den Deckel von der schwarz-weiß gemusterten Pappkiste. Mit einem Mal ist ihre fröhliche Stimmung wie weggeblasen. Die Erinnerung an das letzte Weihnachtsfest schmerzt noch immer.

Oben liegt der Playmobil-Rentierschlitten, den Sven so gehasst hat. Iris hebt das Spielzeug heraus. Dieses Jahr bekommt der Plastikschlitten einen Ehrenplatz auf dem Weihnachtstisch. Behutsam stellt sie die Rentiere zur Seite. Bei dem Gedanken an ihren Ex-Freund spürt Iris Zorn und Traurigkeit in sich aufsteigen. Um sich abzulenken, klettert sie auf den Sessel und sucht auf dem Schrank nach dem Weihnachtsbaum. Natürlich liegt er ganz hinten, versteckt hinter den Koffern. Iris streckt sich und zerrt das Bäumchen mit einem kräftigen Ruck hervor.

Es ist aus Plastik wegen Maunz, der die letzte Blautanne erst mit einem zielsicheren Strahl markierte und dann versuchte, mit einem Satz auf die Spitze zu springen. Dem Ansturm eines Sechzehn-Pfund-Katers war die Tanne jedoch nicht gewachsen.

Also hatte Sven sich am Heiligen Abend auf den Weg gemacht und einen Plastikbaum erstanden.

»Du und dein Sch...kater«, hatte er geflucht, als sie gemeinsam die Reste der Tanne in der Mülltonne entsorgten. »Am besten sperren wir das Biest über die Feiertage in die Küche.«

»Maunz feiert mit uns Weihnachten«, widersprach Iris. Auf Svens Drängen hin hatte sie den armen Kater schon aus dem Schlafzimmer vertrieben. Nächtelang hatte der Stubentiger gejammert und sich mit tiefen Kratzspuren an ihrer Lederjacke gerächt. Aber Weihnachten ohne Maunz – nein, das kam nicht in Frage.

Sie hatte Sven, genau vier Wochen nachdem sie Maunz aus dem Tierheim geholt hatte, kennengelernt. Aber damals hoffte sie noch, dass sich der Spruch bewahrheitete: Wer Katzen nicht mag, kennt sie nur nicht. Obwohl das Weihnachtsdesaster sie eines Besseren hätte belehren müssen.

Von einer fröhlichen Feier konnte nicht die Rede sein. Sven schmollte die gesamten Festtage und würdigte die Weihnachtsente, für die Iris stundenlang in der Küche geschuftet hatte, mit keinem Wort. Maunz hingegen war vor Begeisterung außer sich, als die Reste des Vogels in seinem Napf landeten.

Nach Weihnachten gingen Mann und Kater sich aus dem Weg, und Iris schöpfte erneut Hoffnung, dass die beiden wichtigsten Männer in ihrem Leben sich miteinander anfreundeten. Doch leider war es nur die Ruhe vor dem Sturm.

Zum endgültigen Eklat kam es, als Maunz sich an Svens Geburtstagstorte vergriff, die Iris gebacken hatte. Sie war nur kurz aus der Küche gegangen, weil das Telefon klingelte. Als sie plötzlich Sven schreien hörte, rannte sie zurück und entdeckte die Bescherung: Maunz auf dem Tisch, die dicke Nase in der Torte vergraben. Zielsicher hatte der Kater das »Glück« aus »Glückwunsch« geschleckt, das Iris liebevoll mit Sahne geschrieben hatte.

»Das Viech oder ich!«, brüllte Sven und hob drohend die Hand. Aber Maunz war schneller, sprang mit angelegten Ohren vom Tisch und flüchtete unter den Küchenschrank. Von dort funkelte er Sven mit großen Augen an.

»Das kannst du nicht ernst meinen.« Iris schüttelte den Kopf. Sicher war es ärgerlich, dass die schöne Torte zerstört war, aber musste Sven ihr deshalb ein Ultimatum stellen? »Das hat er nicht böse gemeint.«

Das denkst aber nur du! Ich konnte den Blödmann von Anfang an nicht leiden. Wie kann ein Zweibeiner mit einem ausgesprochen guten Geschmack wie du (schließlich hast du mich ausgesucht) nur so ein schlechtes Urteilsvermögen in Sachen Männchen ha-

ben? Er riecht unangenehm. Und dieser fiese Blick, mit dem er mich immer fixiert. Übel. Ganz übel. Aber ihr Zweibeiner habt ja so wenige Instinkte. Was habe ich alles angestellt, damit du endlich hinter die Fassade von deinem Sven schauen kannst. Was würdest du nur ohne mich tun?

Sven gab nicht nach. Sein Gesicht lief rot an, eine Ader an seiner Stirn pochte so auffällig, dass Iris schon fürchtete, er würde ohnmächtig werden.

»Das kann doch wohl nicht so schwer sein. Das Viech oder ich.«

Iris' Herz hämmerte, und ihre Handflächen wurden feucht, aber sie schaffte es, Svens Blick zu erwidern, als sie ihm ihre Antwort gab.

»Du ... dir ist das Biest wichtiger als ich? Als unsere Liebe?« Ungläubig starrte er sie an.

Fasziniert zählte sie die Schläge der pochenden Ader mit.

»Was findest du nur an diesem Vieh?« Wütend deutete er auf Maunz, der unter dem Schrank hervorkam, sich auf den Rücken legte, die Beine anzog und sich alle Mühe gab, niedlich auszusehen. Soweit das einem übergewichtigen Kater möglich war.

»Sieh selbst.«

Trotz allem hoffte sie noch, dass Sven ansatzweise verstand, was sie an ihrem Kater liebte. Sicher, man konnte ihn nicht als Schmusekater bezeichnen. Er schwänzelte nur dann um sie herum, wenn er sich Futter erhoffte. Und Streicheleinheiten forderte Maunz immer dann von ihr ein, wenn sie telefonierte, ihr Notebook öffnete oder die Wohnung verlassen wollte. Dann schaute er so herzzerreißend, dass Iris jedes Mal auf dem Heimweg beim Schlachter vorbeiging, um etwas Leckeres für ihn zu besorgen. Mit Schuldgefühlen natürlich. Schließlich lebte sie seit Jahren vegetarisch. »Er ... er ist irgendwie putzig.«

»Putzig wie ein Acht-Kilo-Haarballen«, antwortete Sven wutschnaubend. »Für *das* Mistvieh entscheidest du dich? Gegen mich?«

»Du hast mich doch vor die Wahl gestellt«, versuchte Iris, sich zu verteidigen. Sie fühlte sich mies, aber sie konnte den armen Kater nicht wieder zurück ins Tierheim verfrachten. Niemand würde ihn nehmen. Nicht solange es dort niedliche Kätzchen mit guten Manieren und freundlichem Wesen gab. »Maunz braucht mich.«

Kopfschüttelnd warf Sven die Geschenke, die Iris ihm überreicht hatte, in eine Plastiktüte.

»Die anderen Sachen kannst du mir zusammenpacken.« Ein letzter verständnisloser Blick. »Ich hole sie morgen Mittag ab.«

Nachdem die Tür hinter ihm zugeknallt war, fiel Iris in sich zusammen. Ein Kuschelkissen vor dem Bauch, rollte sie sich auf dem Sofa zusammen und schluchzte zum Gotterbarmen. Maunz ließ sich davon nicht beeindrucken, sondern forderte in der Küche lautstark sein Futter ein. Und Iris hätte schwören können, dass der Kater grinste.

Gewonnen! Verzieh dich nur, du Stinker. Mit deinen Düftchen hier, Düftchen da. Kein Kater würde so viel penetrant riechendes Zeug auch nur eine Sekunde in seinem Fell dulden. Wie konnte sie nur auf den reinfallen? Immerhin, meine Anstrengungen haben sich gelohnt, er ist weg. Jetzt gibt es nur noch sie und mich. Trautes Heim, Glück allein ... Aber, warum gibt sie so seltsame Töne von sich? Hat sie Hunger? Versteh einer die Zweibeiner!

* * *

»Verdammt. Wo sind denn die Plastikkugeln?« Suchend schiebt Iris die Koffer zur Seite, da entdeckt sie die Kosmetiktasche, die nach Svens Auszug auf den Schrank gewandert war. Sie rutscht zurück in den Sessel, Tränen treten ihr in die Augen. Als Sven ihr die Tasche schenkte, hatte sie sich darüber geärgert. Was sollte sie mit einem Schminkköfferchen? War das wirklich nötig, um ihre zwei Lippenstifte und die Wimperntusche darin zu verstauen? Warum bringt das unnütze Geschenk sie jetzt zum Weinen?

Iris seufzt und wirft die Kosmetiktasche auf den Boden – eine Spende für das Sozialkaufhaus.

»Mack?« Maunz streckt den Kopf unter ihrem Ellenbogen hindurch und blickt sie an. »Mack!«, wiederholt er nachdrücklich.

»Nix mack«, schimpft Iris und schubst den Kater beiseite. Entschlossen klettert sie wieder auf die Lehne des Sessels, um weiterzusuchen. »Du bist dick genug. Und deinetwegen bin ich Weihnachten allein. Mit einem Plastikbaum und Plastikkugeln.«

Denn die schönen dunkelroten Glaskugeln hatten Maunz' Angriff auf die Blautanne nicht überlebt. Ganz zu schweigen von der gläsernen Spitze.

Natürlich liegen die Kugeln ganz hinten. Iris stellt sich auf die Zehenspitzen. Genau in diesem Moment wirft Maunz sich mit aller Kraft gegen ihr Bein. Sie rudert mit den Armen, um das Gleichgewicht nicht zu verlieren.

»Mack! Mack!« Inzwischen klingt der Kater zornig. Seufzend gibt Iris nach: »Meinetwegen. Noch ein paar Leckerli, aber dann lässt du mich in Ruhe, sonst wird das nie was mit der Weihnachtsdeko.«

Während der Kater zufrieden schmatzt, stellt Iris den grellgrünen Plastikbaum auf. Sie staubt ihn ab und zerrt an den Ästen, damit diese buschiger und natürlicher wirken. Dann holt sie die goldfarbenen und weißen Plastikkugeln aus der Kiste und verteilt sie auf den struppigen Zweigen. Neugierig kommt Maunz aus der Küche, schnuppert an einer Kugel und schnappt sich ein goldenes Geschenkband. Begeistert wirft er sich mit dem Band zwischen den Vorderpfoten auf den Rücken und strampelt mit den Hinterbeinen.

»Nein, gib das her.«

Genießerisch kaut Maunz auf dem Band herum. Als Iris nach ihm greift, springt der Kater aus der Kiste heraus und galoppiert mit schaukelndem Bauch davon, das erbeutete Band im Maul.

Kopfschüttelnd schaut sie ihm nach. »Wenigstens kann ich jetzt in Ruhe den Baum schmücken. Übermorgen ist schließlich Heiligabend.«

****

Als Iris am nächsten Tag bepackt mit Tüten voller Weihnachtsleckereien für sich und Maunz von der Arbeit nach Hause kommt, erwartet der Kater sie wie jeden Tag an der Tür. Heute jedoch sieht er nicht hungrig aus, sondern jämmerlich.

»Was ist denn mit dir, mein Dicker?« Um ihn wie üblich zur Begrüßung zu streicheln, hievt Iris die Tüten auf den linken Arm und beugt sich zu Maunz herunter. Doch der Kater dreht sich um und trottet davon.

»Ach jemine.« Iris lässt die Tüten fallen, stößt mit dem Fuß die Wohnungstür zu und eilt ihrem Kater hinterher. »Maunz, was hast du denn da?«

Im Wohnzimmer holt sie ihn ein. Der Kater liegt

neben dem Sessel flach auf dem Boden und versucht, sich unsichtbar zu machen. Beherzt greift Iris in sein Nackenfell, um den widerstrebenden und empört fauchenden Maunz zu sich heranzuziehen. Vorsichtig und bemüht, außer Reichweite seiner Krallen zu bleiben, dreht sie ihn um. Ja, sie hat richtig gesehen. Etwas Goldenes hängt aus seinem Hintern.

Geschenkband! O nein!

Was soll sie nur machen?

Panisch läuft sie zum Telefon und tippt zitternd eine Nummer ein.

»Iris Burgfeld hier. Wie lange sind Sie noch da?«, fragt sie aufgeregt. Bitte, bitte, fleht sie, lass Maunz nichts Schlimmes passieren. Nicht vor Weihnachten. Nicht ausgerechnet vor *diesem Weihnachten*. Ihre Eltern machen eine Karibikkreuzfahrt, die Freundinnen feiern mit ihren Familien, und Sven hat sie verlassen. Maunz ist ihr Fels in der Weihnachtsbrandung.

»Ich bin gleich da.« Iris überlegt einen Moment. »Also ..., sobald ich den Kater eingefangen habe. Sie kennen Maunz ja.«

Sie hüpft über die Tüten, deren Inhalt sich über den Flur verteilt, eilt zum Schrank und kramt den Katzentransportkorb hervor. Vorsichtig öffnet sie die Tür zum Wohnzimmer. Kein Maunz zu sehen! Wie schafft es ein acht Kilo schwerer Kater nur, sich in dem kleinen Raum unsichtbar zu machen? Iris sucht unter dem Sofa, neben den Bücherregalen und unter der Decke, die den Sessel vor seinen Krallen schützen soll. Nichts. Dann überlegt sie kurz und geht entschlossen auf den Weihnachtsbaum zu. Richtig, dort hat sich der Flüchtige versteckt. Er faucht, als sie die Hand nach ihm ausstreckt.

Schnell schnappt sie den Kater und schiebt ihn in den Transportkorb. Kaum ist das Gitter geschlossen, beginnt Maunz herzzerreißend zu schreien. So laut, dass die Nachbarn bestimmt wieder ihre Wohnungstüren öffnen und strafend heraussehen werden.

»Tut mir leid, Süßer. Muss sein.« Iris beseitigt das Chaos im Flur und verstaut die Lebensmittel im Kühlschrank. »Warum musstest du auch Geschenkband fressen, du Dussel?«

In der Aufregung rutscht ihr eine Dose mit vegetarischem Kaviar aus den Händen und rollt durch die Küche. Iris jagt dem Weihnachtsleckerbissen nach und verstaut auch ihn im Kühlschrank. Dann atmet sie tief durch, greift nach dem Katzenkorb und macht sich auf den Weg zur Tierärztin.

Lass mich raus! Lass mich raus! Lass mich sofort *raus! Hört mich denn keiner!* Hilfe! *Warum regt sie sich bloß so auf? Kater, Kater, ist doch völlig harmlos. Das Ding werde ich bestimmt wieder los, die Zeit wird das schon richten. Lass mich* sofort *raus! HILFE!!!*

Im Auto stellt Iris das Radio laut, aber nichts kann Maunz' Klagegesang übertönen. Der Weg zur Praxis erscheint ihr endlos. Nicht zum ersten Mal fragt sie sich, ob sie sich wirklich richtig entschieden hat. Man kann über Sven denken, was man will – wenn es um Arztbesuche ging, hat er sich deutlich weniger angestellt als der Kater. Obwohl sich bei Sven die kleinste Erkältung zu einer asiatischen Kampfgrippe auswuchs, begleitet von demonstrativem Leiden.

Vor der Tierarztpraxis angekommen, findet Iris zum Glück sofort einen Parkplatz. Nur noch wenige Minuten, bis die Praxis schließt. Maunz wirft sich mit solcher Kraft in der Transportbox hin und her, dass Iris ihn beinahe fallen lässt.

»Lass das, Dicker. Das hast du dir selbst zuzuschreiben.«

»Mrpfh«, antwortet Maunz, als würde er sie verstehen, und grollt leise weiter. Kaum hat Iris die Glastür der Praxis hinter sich geschlossen, verstummt er und verkriecht sich so weit hinten im Korb wie nur möglich.

»Burgfeld. Iris Burgfeld. Mit Maunz.« Iris schaut die Tierarzthelferin hinter dem Tresen an. »Ich hatte angerufen.«

Während Frau Milan, die Praxismanagerin, den Namen in den PC eingibt, beugt Iris sich neugierig vor. Der Name ihres Katers ist blutrot markiert.

Wahrscheinlich, weil er das letzte Mal die Helferin gekratzt hat, als sie ihm eine Spritze geben wollte. Na ja, und dass er außerdem die andere Helferin gebissen hat, macht ihn hier sicher nicht zu einem gern gesehenen Patienten.

»Nehmen Sie bitte einen Augenblick Platz.« Frau Milan lächelt etwas gequält. »Wir rufen Sie auf.«

Iris dreht sich um. Im Wartezimmer sitzt nur noch ein Mann mit Hund. Also werden sie nicht allzu lange warten müssen. Gut für Maunz, gut für sie und gut für die Gesundheit der Tierarzthelferinnen.

»Hallo.« Iris mustert den einsamen Mann, der so kurz vor Weihnachten auch nichts Besseres zu tun hat, als beim Tierarzt zu sitzen. Er fährt sich mit der Hand durch die dunkelbraunen Haare, die schon in alle Richtungen abstehen. Sportlich wirkt er, ganz anders als sein Begleiter, ein moppeliger Langhaardackel. Ist das Stanniolpapier an seiner Schnauze?

»Äh, Entschuldigung«, beginnt Iris vorsichtig. »Ihr Hund hat da ... etwas Glänzendes.«

»Ich weiß.« Der Mann lächelt entschuldigend und besorgt zugleich. »Piefke hat die Schokoladen-Tannenzapfen vom Baum geholt. Und gefressen, samt der Verpackung.«

Mit schiefgelegtem Kopf blickt der Hund zu seinem Herrchen auf, als wüsste er, wovon die Rede ist. Iris bemerkt, dass beide dunkelbraune Augen haben. Heißt es nicht immer, dass Menschen und Haustiere sich vom Äußeren annähern. Sie kann nur hoffen, dass dieses Sprichwort für Maunz und sie nicht gilt.

»Was für ein Hübscher.« Iris beugt sich zu dem Dackel hinab. »Darf ich?«

Als der Mann nickt, streckt sie die Hand aus und lässt Piefke daran schnuppern. Der Hund wedelt so heftig mit dem Schwanz, dass sein ganzer Körper in Bewegung gerät.

Nein! Das kann sie doch nicht ernst meinen. Sie schließt Freundschaft mit einem von denen? Stinkende Kläffer. Verrat! Das wird ihr noch leidtun. Ich sterbe hier, und sie streichelt einen Stinker!

»Was ist mit Ihrer Katze?« Der Mann beugt sich vor und versucht, einen Blick in den Tragekorb zu werfen, aus dem ein hochgezogenes Wimmern erklingt. »Hat sie Schmerzen?«

»Maunz! Himmel, Maunz!« Sofort wendet sich Iris vom Dackel ab. »Er ist ein Kater.«

Voller Sorge öffnet sie die Gittertür. Im Korb liegt Maunz auf dem Rücken, alle viere von sich gestreckt, und jammert erbarmungswürdig.

Iris schließt das Türchen und springt auf. »Bitte. Ich muss dringend zu Frau Doktor«, fleht sie die junge blonde Frau hinter dem Tresen an. »Maunz ... Sie hören es doch.«

»Tut mir leid.« Die Helferin lächelt Iris beruhigend zu. »Wir haben gerade einen Notfall. Aber es kann nicht mehr lange dauern.«

»Danke.« Als das Jammern hinter ihr noch weiter anschwillt, muss Iris mit den Tränen kämpfen. »Es ist alles meine Schuld.«

»Herr Hansen war allerdings vor Ihnen da«, sagt die Helferin mit einem besorgten Blick in Richtung des Korbs. »Was hat Maunz denn?«

Inzwischen hat Piefke ebenfalls begonnen, langgezogen zu jaulen. Vielleicht aus Solidarität mit dem leidenden Kater, vielleicht aber auch, um dessen Geräusche zu übertönen.

»Maunz ... er ... na ja ... er hat Geschenkband gefressen.« Iris spürt, wie sie rot anläuft. Hoffentlich fragt die Frau nicht weiter. Warum muss ihr Kater so peinliche Krankheiten haben? Mit Grausen erinnert Iris sich an die Analdrüsenverstopfung.

»Sie können gern vor mir rein«, bietet der Mann ihr großzügig an. Hund und Kater jaulen lauter, trotzdem wird Iris warm ums Herz. Sie dreht sich zu ihm um und schenkt ihm ein Lächeln, das allerdings auf ihrem Gesicht verhungert, als die Helferin sie erneut anspricht.

»Geschenkband gefressen?« Mit der gehobenen Augenbraue sieht sie aus wie Mrs. Spock. »Sind Sie sicher?«

»Ja! Leider.« Iris wünscht sich ein Erdloch, um darin zu versinken. Gegen die Tierstimmenkakophonie erhebt sie die Stimme: »Es hängt ihm aus dem Hintern!«

Als hätten sie nur auf dieses Stichwort gewartet, verstummen Maunz und Piefke, sodass Iris' Geständnis laut durchs Wartezimmer schallt. Hinter sich hört sie Herrn Hansen leise lachen.

Mit gesenktem Blick schleicht Iris zurück zu ihrem Stuhl. Ihre Wangen brennen. Bestimmt ist sie so rot wie der Mantel vom Weihnachtsmann oder die Nase von Rudolf, dem Rentier. Womit hat sie das verdient? Alle anderen Katzenbesitzer schwärmen von ihren freundlichen Fellnasen, die friedlich mit ihren Dosen-Öffnern zusammenleben, Schnurreinheiten verteilen, wenn man traurig ist, und ansonsten fröhlich durch die Wohnung tollen.

Und Maunz? Der sieht in ihr nur die Futterquelle, da ist sich Iris sicher. Als sie nach Svens Auszug deprimiert im Bett lag und sich die Augen aus dem Kopf weinte, was tat der Kater? Verkrümelte sich so weit weg wie nur möglich. An manchen Tagen hatte Iris das Gefühl, nicht nur Sven, sondern auch Maunz hätte sie verlassen. Mit rotgeweinter Nase, umgeben von Bergen zerknüllter Taschentücher, lag sie im Bett, verdrückte massenhaft Schokolade und Chips und verfluchte alle beide. Immerhin weckte das Rascheln der Chipstüte Maunz' Aufmerksamkeit. Er schaute kurz vorbei, um an den Salz-und-Essig-Chips zu schnuppern und sich mit angeekelter Miene wieder zu trollen.

Und jetzt muss sie sich wegen Maunz' Gefräßigkeit vor Herrn Hansen in Grund und Boden schämen. Hätte Maunz bloß eine weniger peinliche Krankheit!

»Wie ... wie ist er denn an das Geschenkband gekommen?« Mühsam kämpft Herr Hansen gegen das Lachen an – und verliert. »Das ... ist schon etwas ungewöhnlich.«

Iris spürt, wie ihr noch mehr Röte in die Wangen steigt. Wahrscheinlich ähnelt die Farbe ihres Gesichts inzwischen einer Chilischote. Sie seufzt.

»Für eine normale Katze wahrscheinlich schon«, antwortet sie schließlich. »Aber Maunz ... er frisst einfach alles. Ohne Rücksicht auf die Folgen. Er ist halt nur ein Kater und kann nicht nachdenken.«

Hey, was soll das denn heißen? Ich fresse über-haupt nicht alles! Jedenfalls nichts von den komischen Dingen, die du dir zwischen die Zähne schiebst. Außerdem: Lass den Zweibeiner in Ruhe. Das nimmt sowieso wieder ein bitteres Ende. Kaum habe ich einen aus meinem Revier vertrieben, suchst du dir den nächsten. Und dann noch einen mit einem Stinker. Wie, bitte schön, soll ein Kater da gesund bleiben? Blöder Stinker! Nänänänä. Gut, dass du zu doof bist, mich zu verstehen!

– Wuff! Sei dir bloß nicht zu sicher. Selber blöder, doofer Kraller!

»Schauen Sie mal, wie süß. Als würden die beiden sich unterhalten.« Der Dackelbesitzer beugt sich vor, um seinem Hund übers Fell zu streichen.

In dem Moment bricht Maunz in das ohrenbetäubende Klagegeheul aus, das Iris kennt und fürchtet. Nichts wird ihn jetzt mehr stoppen. Wenn Maunz sich erst einmal eingejammert hat, kann sich das ewig hinziehen.

Miaaargh! Was? Wieso sprichst du kätzisch? Ist die Welt verrückt geworden? O große Bastet, Göttin der Katzen, ich muss kränker sein, als ich dachte. Jetzt höre ich schon Stimmen. Ich werde steerrrben! Ich bin noch so jung. So viele Futterdosen, die auf mich warten. So viel Grünzeug, das ich stutzen muss. Bitte nicht!

»Ksch. Pscht. Ksch«, zischt Iris verzweifelt, nur um irgendetwas zu tun. Nichts wird den Kater zur Ruhe bringen, wenn er erst einmal in Fahrt ist. Nun, eine Spritze möglicherweise. Falls es unter Katzen so etwas wie Hypochonder gibt, gehört Maunz auf jeden Fall dazu. Der kleinste Anlass, und der Kater veranstaltet das größte Drama. »Wir sind gleich dran.«

Das lautstarke Knurren des Dackels übertönt fast Maunz' Geschrei und trägt nicht dazu bei, dass Iris sich wohler in ihrer Haut fühlt. Verlegen spricht sie besänftigend auf den Kater ein, der plötzlich verstummt.

– *Krieg dich wieder ein. Du bist nicht krank. Meine Tante war eine Maine Coon, darum spreche ich deine Sprache.*

Deine Tante? Igitt, wie soll das gehen? Das wird ja immer schlimmer.

– Meine Nenntante. Was denkst du denn?

Bevor Kater und Dackel ihren Austausch vertiefen können, öffnet sich die Praxistür, und eine Pudelbesitzerin bringt einen Schwung Winterkälte herein. Ihr schwarzer Hund ist unter einem roten Weihnachtsmäntelchen mit weißem Saum kaum zu sehen. Komplettiert wird sein Outfit durch niedliche Stiefelchen an den Pfoten.

Iris und der Dackelbesitzer wechseln einen verschwörerischen Blick, bevor sie unauffällig zu Boden sehen. Schlagartig fangen Maunz und Piefke wieder an zu miauen und zu kläffen. Iris könnte schwören, dass die zwei sich über das weihnachtlich gekleidete Pudelchen amüsieren, das sie keines Blickes würdigt.

Miau! Guck mal. Da fehlen nur noch Weihnachtskugeln …

– … und Lametta. Aber da könntest du ja aushelfen.

Vorsicht, Dackel. Obwohl … für einen Stinker bist du ganz in Ordnung.

»Pscht. Pscht«, zischt Iris erneut auf Maunz ein, der sie jedoch – wie so häufig – ignoriert. »Kater, sei ruhig oder es gibt eine Spritze!«

Maunz verstummt augenblicklich, und endlich öffnet sich die Tür zum Behandlungszimmer. Die

Tierärztin verabschiedet sich herzlich von einem alten Mann mit einem struppigen Kätzchen auf dem Arm.

»Schön, dass Sie dem Kleinen ein Zuhause geben. Fröhliche Weihnachten.«

Mit seiner grünen Mütze und Jacke erinnert der Alte Iris an ihren Vater. Nur, dass ihr Vater weder Tiere im Allgemeinen noch Maunz im Besonderen mag und sie sich kaum vorstellen kann, dass er ein zerzaustes Katerchen bei sich aufnehmen würde.

»Frau Burgfeld, lange nicht gesehen«, begrüßt die Tierärztin ihre nächste Kundin. »Brauche ich Hand-schuhe, oder ist Maunz heute weihnachtlich ge-stimmt?«

»Guten Tag, Frau Krug.« Iris hebt den Tragekorb an und schleppt Maunz in das Behandlungszimmer. Der Kater grollt tief und dunkel. »Das beantwortet Ihre Frage, oder?«

»Was hat er denn?« Sicherheitshalber zieht die Veterinärin sich Handschuhe an und tritt einen Schritt zurück, als Iris die Klappe der Transportbox löst. Beim letzten Mal war Maunz wie ein Wilder herausgeschossen. Damals hatte Iris schon befürch-tet, sie müsste sich eine andere Praxis suchen, doch Frau Krug ist hart im Nehmen und schnell im Weg-springen. »Überfressen?«

»Nicht ganz.« Erneut spürt Iris die Wärme in ih-rem Gesicht, vermutlich nähert sich ihre Gesichtsfarbe mittlerweile der ihres Weihnachtspullis. Nie wieder wird sie etwas Rotes anziehen, wenn sie mit Maunz zum Tierarzt muss, das schwört sie sich. Sie hebt Maunz, der »toter Kater« spielt, aus dem Korb. »Er hat ein Geschenkband verschluckt, das ihm jetzt aus dem Hintern hängt.«

»Haben Sie daran gezogen?«, fragt die Tierärztin, als wäre es gar nichts Besonderes, einen übergewichtigen Kater auf den Tisch zu bekommen, dem ein goldfarbener Streifen aus dem Po lugt. »Ach, hübsch weihnachtlich. Wie Lametta.«

»Äh, nein.« Auf die Idee, das Ding einfach rauszuziehen, war Iris in ihrer Panik gar nicht gekommen. Es hätte so einfach sein können! Nun, möglicherweise. Sie möchte lieber nicht an Maunz' Reaktion denken, wenn sie das getan hätte.

Mach hin! Nicht so viel Gequatsche. Ich will nach Hause und hab Hunger! Ist alles kein Drama. In ein paar Tagen habe ich das Zeug verdaut und es kommt am Stück wieder raus. Ich kenn mich da aus.

»Richtig gemacht.« Frau Krug nickt Iris zu, der ein Stein vom Herzen fällt. Ein Lob von der Tierärztin, das ist ja wie Weihnachten. »Es kann zu unschönen Verletzungen im Darmtrakt kommen, wenn Sie daran reißen.«

»Aber ... was mache ich jetzt damit?« Iris schaut ratlos auf Maunz, der sich grollend auf die Tischplatte presst und mit dem Schwanz peitscht, sodass das

Band ab und zu golden aufblitzt. »Einfach baumeln lassen?«

»Nein. Dann könnte es irgendwo hängen bleiben.« Die Veterinärin öffnet eine Schublade. Suchend wühlt sie darin herum und hält schließlich eine Schere hoch. »Sobald sich etwas zeigt: abschneiden!«

Auf keinen Fall! Das meint sie jetzt nicht ernst. Niemals! Das könnt ihr mir nicht antun. Nein! Niemand geht mit einem scharfen Ding an mein Hinterteil! Kein zweites Mal!

Frau Krug öffnet die Tür und ruft ihren Helferinnen zu: »Ich brauche bitte Unterstützung bei Maunz.«

Iris hört ein lautes Seufzen, mittlerweile glühte ihr Gesicht. Dann betreten zwei junge Frauen den Raum. Gemeinsam mit Iris halten sie den sich heftig wehrenden Kater fest, während die Tierärztin die Schere zückt. Maunz kreischt so laut, dass er bestimmt im Wartezimmer zu hören ist.

»Das war's.« Die Tierärztin wirft ein Stückchen goldenes Band in den Abfalleimer. »Wenn sich noch mehr zeigt, versuchen Sie, es abzuschneiden. Ansonsten habe ich über Weihnachten Notdienst. Schöne Feiertage wünsche ich Ihnen.«

»Schöne Weihnachten.«

Iris trägt Maunz, der mit wiedergefundener Kraft im Transportkorb randaliert, zurück ins Wartezimmer. Schade, denkt sie enttäuscht, Herr Hansen und Piefke sind nicht mehr da. Vermutlich warten sie im zweiten Behandlungsraum.

»Frohes Fest«, wünscht Iris der Tierarzthelferin, die angelegentlich die Kratzspuren an ihren Unterarmen betrachtet – ein Weihnachtsandenken von Maunz.

»Ein schönes Fest und einen guten Rutsch!« Iris kommt es vor, als schwingt in ihrer Antwort die Hoffnung mit, Maunz möge in diesem Jahr nicht mehr wiederkommen.

Was soll das denn? Muss ich alles selber machen? Warum wartest du nicht auf den Zweibeiner? Da muss wohl wieder mal Maunz ran und die Welt retten.

Auf dem Weg zum Auto stößt Maunz plötzlich ein Keuchen aus. *Huarg, huarg.* In Iris' Ohren klingt es, als stünde er kurz vor dem Erstickungstod. Sie dreht auf dem Absatz um und rennt zurück zur Tierarztpraxis. Panisch reißt sie die Tür auf – und stößt mit jemandem zusammen, der gerade hinausgehen will. Der Dackelbesitzer! Vor Schreck rutscht Iris der Transportkorb aus der Hand und knallt auf die Treppe. Mit einem Mal ist Maunz wieder ruhig.

»Entschuldigung, aber mein Kater …«, beginnt Iris, doch dann verstummt sie. Nichts mehr, nicht einen Piep gibt Maunz von sich.

»Gut, dass Sie noch nicht weg sind.« Verlegen blickt Herr Hansen zu Boden und dreht Piefkes Leine in den Händen. Der Dackel schnuppert am Gitter des Transportkorbs. »Ich heiße übrigens Florian. Also ... ja, also, wir kennen uns kaum, aber ...«

»Ich bin Iris und würde dich gern zu Heiligabend einladen«, bringt sie hervor und läuft weihnachtsmannmantelrot an, doch das ist ihr egal. »Aber es gibt nur Vegetarisches.«

»Das ist gut.« Florian Hansen blickt sie an und lächelt breit. »Ich mag auch kein Fleisch.«

»Schön, dann so gegen acht.« Iris hebt den Transportkorb hoch. »Ich muss noch mal rein. Bis morgen. Fröhliche Weihnachten.«

»Deine Adresse brauche ich noch.« Er holt sein Smartphone aus der Jacke. »Sonst muss ich morgen die ganze Stadt ablaufen.«

»Oh, klar, entschuldige. Immer, wenn etwas mit dem Kater ist ...« Nervös fährt Iris sich mit der Hand durch die Haare. »Am Sportplatz 18.«

»Ich kenn' das. Wenn Piefke nur hustet, breche ich sofort in Panik aus.« Florian winkt entschuldigend ab und lässt dabei Piefkes Leine fallen. »Soll ich etwas mitbringen?«

»Wie wär's mit einem Weihnachtspunsch?«, schlägt Iris vor. Sie öffnet die Tür zur Praxis. »Ich freu mich.«

– *Wuff! Also Weihnachten mit Kater!*

Na, das habe ich ja gut hinbekommen. Nimm dir ein Beispiel an mir, Stinker. Auch wenn ich dafür mor-

gen mit dir feiern muss. Was tut man nicht alles für seine Große. Weihnachten mit Dackel! Frohes Fest, Stinker.

Annette Amrhein
Weihnachten ohne Fluse

Die Lok der alten Schmalspurbahn fauchte und zischte, als wollte sie Inga sagen: »Jetzt aber mal hopp, einsteigen!« Der Schaffner lief vorbei, eine Weihnachtsmütze auf dem Kopf, machte aber noch keine Anstalten, die Kelle zu heben. Trotzdem kletterte Inga jetzt schnell in den nächsten Waggon. Zum ersten Mal würde sie Erik an Weihnachten besuchen. Jahrelang hatte er gesagt: »Du kannst doch mal über die Feiertage zu deinem Bruder kommen. Bring die Katze einfach mit.«

Aber Fluse war so schüchtern und scheu. Inga konnte sie unmöglich in einem Transportkorb in der Bahn mitnehmen! All die Geräusche und fremden Menschen, sie hätte Panik bekommen, und Eriks Wohnung war ja auch unbekanntes Terrain.

Aber nun würde Inga Weihnachten zum ersten Mal ohne Fluse feiern. Denn die graue Katzendame war nun schon seit drei Wochen verschwunden.

Inga setzte sich auf einen Fensterplatz. Normalerweise hätte sie jetzt den Mantel abgelegt. Aber es war kalt im Abteil, so behielt sie ihn an. »Ach, wo steckst du nur«, seufzte sie leise. Fluse war doch immer vorsichtig und aufmerksam. War sie trotzdem

verunglückt? Hatte jemand sie versehentlich einge-
sperrt? Weggelaufen war sie ganz sicher nicht! Inga
und sie verstanden einander doch ohne Worte. Hätte sie es nicht gespürt, wenn Fluse nicht mehr bei ihr
sein wollte? Die ganze Suche, die Aushänge, die An-
rufe im Tierheim, alles umsonst. Die Bahn fuhr ab.
Draußen stoben ein paar dünne Schneeflocken vorbei, die aber ausreichten, das Zifferblatt der Bahn-
hofsuhr zu verkleben.

Das Abteil war fast leer. Am Heiligabend fuhr
kaum jemand Bahn. Inga war das nur recht. Bei Erik
würde es nachher genug Trubel geben, bis dahin ge-
noss sie noch ein wenig Ruhe. An der zweiten Sta-
tion stiegen alle anderen Fahrgäste aus. Sie ließen
die Waggontür offen, ein kalter Luftzug kam herein.
Sollte Inga aufstehen und die Tür schließen? Aber
sie hatte sich gerade so in ihre Ecke gekuschelt. Sie
rutschte zum Gang hinüber und spähte nach vorn.
Vielleicht kam ja jemand, der die Tür schloss? Stattdessen tauchte am Einstieg eine Katze auf. Sie be-
trat das Abteil und ging den Gang mit schaukeln-
der Bewegung entlang, bis zu Inga. Aber sie wählte
die andere Seite, sprang dort auf das kleine Tisch-
chen am Fenster und schaute hinaus. Was jetzt? Jemand würde die Katze vermissen, wenn sie davon-
fuhr. Sollte Inga das Tier schnell hinausbringen?
Zu spät. Ein Pfiff, die Türen knallten zu, und in der
nächsten Sekunde fuhr der Zug an. Die Katze schau-

te unverwandt aus dem Fenster. Inga stand auf, setzte sich hinüber und rückte langsam näher an das Tier heran. »Meine Liebe, schau mich doch mal an«, sagte sie. Die Katze drehte tatsächlich den Kopf. Sie war schwarz, mit einem weißen Latz, auf dem allerdings ein senkrechter schwarzer Streifen war wie auf dem Bauch einer Kohlmeise. Sie wirkte nicht so scheu wie Fluse. »Ich habe auch eine Katze, aber sie ist leider weg«, sagte Inga. Sie kramte ein Foto von Fluse aus der Handtasche und hielt es so, dass die Katze es sehen konnte. »Sieh mal, das ist Fluse«, sagte sie. Wie lächerlich, einer Katze das Foto einer anderen Katze zu zeigen! Aber sie konnte nicht anders, und es war jetzt sowieso niemand mehr im Waggon, der dazu eine Meinung hätte haben können. Die Katze schaute desinteressiert über das Foto hinweg und blickte dann wieder nach draußen, wo die Bäume vorbeirauschten. Eine Fichte neben der anderen, mit ein wenig Schnee auf den Zweigen. Das sollte interessanter als Fluse sein? Inga legte das Foto zurück in die Tasche und streckte vorsichtig die Hand nach der Katze aus. Das Tier blickte wieder zu ihr. Inga hielt inne. »Darf ich dich streicheln?« Natürlich würde eine Katze nicht antworten, aber die Antwort war doch zu lesen, an den Augen, der Stellung der Ohren, der Pfoten. Anscheinend durfte sie. Als sie das weiche Fell unter den Fingern spürte, stieg dieses quälende Gefühl in ihr auf.

Nein, bloß nicht weinen, dachte sie. Sie zog die Hand zurück und setzte sich auf ihren alten Platz. Von dort beobachtete sie die Katze in den nächsten zehn Minuten. Die Fichten verschwanden, Wiesen und Felder tauchten auf und zuletzt die ersten Häuser der nächsten Ortschaft. Zischend hielt der Zug an. Als sich die Türen öffneten, sprang die Katze vom Fensterbrett, lief zur Tür und verließ den Zug.

»Stell dir vor, eine Katze war in meinem Abteil«, sagte Inga, als ihr Bruder ihr die Tasche abnahm. »Sie stieg ein und aus wie ein normaler Fahrgast. Als würde sie das immer so machen.«

»Sie macht das immer so«, sagte Erik. »Das ist die Bahn-Minka. Alle nennen sie so. Wie sie wirklich heißt, weiß ich nicht. Sie fährt immer ein oder zwei Stationen. Wohin sie will, weiß keiner. Sie fährt auch immer nur eine Richtung. Vielleicht läuft sie den Weg dann zurück. Oder fährt heimlich auf einem LKW mit.« Er lachte. Inga fühlte, wie leicht ihr Gang ohne das Gepäck jetzt war. Trotzdem fühlte sie sich beschwert.

Umso schöner war die Begrüßung bei Erik zu Hause. Alle drei Kinder waren da; sie umarmten sie herzlich und brachten sie ins Wohnzimmer.

»Endlich sehe ich deinen legendären Weihnachtsbaum, von dem ich schon so viel gehört habe«, sagte Inga. Der Baum war über und über mit Kinderbasteleien behängt. Kleine Hänger mit Engeln, Weihnachtsmännern und anderen Figuren aus Papier oder Gips, Sterne aus Trinkhalmen, Lollistielen oder Stroh, Girlanden aus undefinierbaren Materialien und eine Kugel aus grünen und roten Fäden.

»Ich habe meinen Schülern erzählt, dass deine Katze weg ist«, sagte Erik. »Da hat ein Erstklässler das für dich gemacht.« Er drückte ihr eine kleine, grau angemalte Gipskatze an einem roten Faden in die Hand.

»Wir wollten uns doch nichts schenken«, murmelte Inga.

»Ich schenke dir ja auch nichts«, erwiderte Erik grinsend.

Die Katze sah sehr gelungen aus. »Du hast wirklich nette Schüler. Bitte danke ihm von mir«, sagte sie. »Ich habe zwar keinen Baum, aber ein paar Zweige, und da bekommt der Anhänger einen Ehrenplatz.«

»Ich werde jetzt in der Küche verschwinden, und hier steht schon Kaffee für dich«, sagte Erik.

Sie setzte sich und legte die kleine. graue Katze auf den Tisch. Die Kinder schenkten ihr Kaffee ein und teilten Karten aus, und es war klar, dass sie Rommee spielen wollten, so wie früher immer.

»Es riecht himmlisch von der Küche her. Was kocht er denn?«, fragte Inga.

»Geheimnis«, erwiderte Pit, und tatsächlich war die Stimmung die ganze Zeit über geheimnisvoll.

Als aber das Essen aufgetragen wurde, sah sie mit einem Blick, was es war: Gans.

»Wie früher bei den Eltern«, sagte Inga. »Dass du das kannst! Ich finde es schwierig, eine Gans zu braten.«

Als sie dann probierte hatte, nickte sie. »Himmlisch. Wirklich wie zu Hause. Und die Katzen bekamen die Reste und fanden sie wohl auch köstlich, jedenfalls balgten sie sich richtig darum. Erinnerst du dich? Apropos Katze. Mir geht es nicht aus dem Kopf, wie selbstverständlich die Minka mit der Bahn fuhr. Vielleicht habe ich Fluse ja unterschätzt? Vielleicht hätte es ihr nichts ausgemacht, Bahn zu fahren. Dann hätte ich euch schon Jahre früher besuchen können.«

»Aber nun bist du doch da«, sagte Erik und hob sein Glas Rotwein.

Das stimmte natürlich. Wozu über Dinge nachdenken, die vergangen waren? Die Gans schmeckte großartig, der Rotwein auch und doch ... Sie hielt inne und ließ das Besteck sinken.

»Ich dachte ja immer, dass meine schüchterne Fluse in der Nähe vom Haus bleibt. Aber einmal habe ich sie im Gewerbegebiet gesehen. Ich war mit dem Fahrrad beim Discounter. Und da habe ich Fluse bei einem Verladeplatz für LKW entdeckt. Sie kann viel leichter als ich dorthin gelangen, einfach über die Zäune hinweg. Ich habe mich sehr gewundert, dass sie dort saß.«

»Du meinst, sie könnte mit einem LKW mitgefahren sein?«, fragte Erik.

»Der Gedanke ist mir heute zum ersten Mal gekommen. Du hast am Bahnhof vorhin über Minka gesagt: Vielleicht fährt sie mit dem LKW zurück oder so.«

»Wohin fahren die Transporter denn von dort?«, fragte Pit.

Inga zuckte die Schultern. »Ich weiß nicht. Überallhin. In andere Länder. Vielleicht habe ich Fluse deswegen nicht gefunden. Ich habe ja nur in der unmittelbaren Nachbarschaft gesucht. Oh, stellt euch mal vor, wenn sie sich in einem LKW versteckt hat – dann ist sie jetzt vielleicht irgendwo im Ausland, und ich werde sie nie wiedersehen.«

Sie spürte, dass ihre Oberlippe zitterte. Erik legte die Hand auf ihre Schulter und sprach ihr gut zu. »Das ist ja noch gar nicht gesagt. Meinst du das Gewerbegebiet, an dem man vorbeikommt, wenn man von der Autobahn zu dir fährt?«

»Ja, genau.«

»Wie lange ist Fluse jetzt weg?«, fragte Pit.

»Drei Wochen«, antwortete Inga und holte das Foto wieder aus ihrer Handtasche. Es wanderte zwischen den Kindern hin und her, und alle sagten, wie schön Fluse sei. Inga nickte und legte das Foto neben ihren Teller, dann nahm sie das Besteck wieder auf.

Nach dem Essen räumten die Kinder den Tisch ab,

und Erik führte Inga durch Haus und Garten, um ihr zu zeigen, was sich alles verändert hatte. Neue Heizung, Pavillon, Kaninchenstall. Zuletzt landeten sie auf dem Sofa und redeten. Die Zeiger der Uhr folgten ihrer Bahn. Kerzen brannten herunter, Weihnachtsmusik endete, und es wurde neue aufgelegt. Eine Bescherung gab es nicht, sie hatten ja vereinbart, einander nichts zu schenken.

Plötzlich platzte Pit herein. »Ist sie das?«, fragte er und stellte seinen Laptop vor Inga ab. In der ersten Sekunde wusste sie gar nicht, was er wollte. Dann begriff sie, dass es um das Foto rechts oben ging. Eine Katze, die zusammengekauert in einer Ecke saß und ein wenig schüchtern wirkte.

»O mein Gott, ja das könnte Fluse sein. Vielleicht. Wenn man die Pfoten sehen könnte. Sie sehen ganz verschieden aus. Eine weiß und die andere mit einem sehr dunklen Fleck. Dann wüsste ich es sicher. Wo ist das?«

»In Holland«, sagte Pit.

»Das gibt es doch nicht! Wie hast du das gefunden?«

Pit lächelte. »Ach, das war nicht schwer. Ich habe in den Sprachen der nächsten Nachbarländer nach *Katze gefunden* gesucht. Man kann die Suche auf vier Wochen beschränken, da kommt dann gar nicht so viel. So fand ich einen Zeitungsbericht über Fluse, wenn sie es denn ist. Hier ist er auf Deutsch.«

Pit hatte ihn schon übersetzen lassen. Inga setzte ihre Brille auf und las. Die Katze war in Holland beim Entladen aus dem LKW gesprungen. Aber wo sie zugestiegen war, das wusste der Fahrer nicht. Er hatte an verschiedenen Stationen unterwegs gehalten.

»Wenn ich ein Foto von ihren Pfoten hätte! Da steht doch, sie ist in einem Tierheim. Können wir das anschreiben? Vielleicht schicken sie uns ein Foto von den Pfoten?«, fragte sie Pit.

»Nein, das mach besser ich«, sagte Erik. »Das ist einfacher, dann habe ich jederzeit Zugriff auf meine Mails; Pit will ja später noch weg.«

Gemeinsam entwarfen sie eine Mail auf Englisch und schickten sie ab. Und warteten ungeduldig. Doch es kam keine Antwort.

»Es sind Feiertage, das ist der Grund«, sagte Erik.

»Aber die Tiere im Heim müssen doch auch an Feiertagen gefüttert werden«, sagte Inga.

»Das mag sein. Aber dann schauen die bestimmt nicht in die Mails.«

Natürlich, das war eine Erklärung.

In dieser Nacht konnte Inga lange nicht einschlafen. Unruhig wälzte sie sich im Gästebett hin und her. Als sie schließlich doch der Schlaf übermannte, träumte sie, wie sie einer Katze nachlief, sie aber nie erreichte. Auch die folgende Nacht war nicht besser. Dieses Mal träumte sie von einer Katze, die zusammengerollt auf einer Wolke lag. Immer wenn Inga danach greifen wollte, flog sie davon.

Warum antwortete niemand? Vielleicht war es doch nicht Fluse? Und wenn doch, wie sollte Inga nach Holland kommen? Und wann? Sie musste ja auch wieder arbeiten.

»Erik, ich werde einen Tag früher abreisen«, sagte sie am zweiten Feiertag beim Frühstück. »Falls das Tierheim noch antwortet, muss ich nach Holland fahren und dafür muss ich schon einen Tag einplanen. Ich muss dann auch wieder arbeiten.«

»Das hast du dir so gedacht. Einfach früher abhauen«, entgegnete er. »So läuft das nicht. Ich habe mir etwas ganz anderes überlegt. Ich fahre dich morgen früh hin.«

»Was?« Sie legte das Brötchen wieder ab, in das sie gerade hatte hineinbeißen wollen. »Aber was, wenn das Heim dann noch nicht geantwortet hat?«

»Egal. Wir fahren trotzdem.«

»Aber der Transportkorb steht zu Hause.«

»Wir leihen einen aus. Es gibt Leute hier in der Straße, die Katzen haben.«

»Aber dann bezahle ich das Benzin.«

»Noch ein Aber und du kriegst es mit mir zu tun.«

Das Tierheim lag auf einer leichten Anhöhe in der ansonsten ebenen Landschaft. Es war ein Flachbau, grau, nichts Besonderes. Aber hinter einem dieser Fenster wartete vielleicht Fluse. Vielleicht.

»Wenn sie es nicht ist, weiß ich gar nicht, wie ich das aushalten soll«, sagte Inga. »Vielleicht stelle ich mich besser darauf ein, dass sie es nicht ist. Man soll sich das Schlimmste vorstellen und damit gedanklich klarkommen, wenn man die Angst besiegen will.«

Aber Erik hatte gar nicht zugehört, er schaute im Handy nach den Mails.

»Noch keine Antwort«, sagte er und steckte das Handy wieder weg. Sie hatten auf der Fahrt unzählige Male nachgesehen. Kein Foto von den Pfoten der Katze.

»Irgendwie hatte ich auch Angst, es könnte geschlossen sein und sie antworten deswegen nicht«, sagte Inga, als sie das Gebäude erreicht hatten. »Aber schau.« Sie zog am Türgriff und atmete erleichtert auf, als sich die Tür öffnete. Sie betraten das Haus.

»Gib mir mal das Foto«, sagte Erik, nahm es entgegen und ging auf die Angestellte zu. Seit einer Jugendliebe konnte er ein bisschen Niederländisch, und Inga überließ es ihm, zu fragen. Sie aber sah sich um. Im Foyer stand ein Tannenbaum, davor ein Korb voller Dosen und Tüten mit Tierfutter. Vielleicht eine Spendenbox zu Weihnachten. Unwillkürlich schaute sie auf ihre Hände, die ja leer waren. Sie konnte Geld spenden, das war genauso gut. Aber dann fiel ihr Blick auf die Gänge links und rechts.

Auf einem Pfeil am rechten Flur stand »Katten«. Das konnte ja nur Katzen heißen, dachte sie und folgte diesem Pfeil. Sie schaute in die von hohen Fenstern gesäumten Räume. Unruhig blickte sie schnell umher, vorbei an allen schwarzen, weißen, rotbunten Katzen. Wo war die eine graue? Vom Empfang hörte sie jetzt eine lautere Stimme. Hätte sie hier nicht allein hingehen dürfen? Sie sah hinüber, aber die Frau sprach immer noch mit Erik, sie lachte und gestikulierte. Es schien alles in Ordnung zu sein, und Inga ging weiter. Am nächsten Fenster stand sie noch länger, zwang sich, nicht so hektisch und panisch zu sein. Ganz ruhig schaute sie ein Tier nach dem anderen an. Es gab zwar eine graue Katze, aber sie hatte keinerlei Ähnlichkeit mit Fluse.

Beim nächsten Raum angekommen, war keine Zeit, sich alle Tiere anzusehen, denn es sprang plötzlich etwas Graues von einem oberen Podest in ihre Richtung und miaute laut. Diese Stimme hätte sie immer und überall erkannt. Fluse lief zur Glastür, stand auf den Hinterpfoten und mauzte fast verzweifelt.

»Sie ist es, Erik, sie ist es«, rief Inga laut. Sie hätte später nicht mehr sagen können, was dann genau in welcher Reihenfolge passiert war. Ob sie die Tür selbst geöffnet hatte oder die Frau vom Empfang gekommen war. Sie erinnerte sich nur, wie sie auf dem Flur am Boden saß, Fluse auf dem Schoß, die ihr immer wieder ins Gesicht stupste. Und wie weich ihr Fell unter ihren Händen war und wie laut das Schnurren.

»Du Reisekatze«, sagte sie immer wieder. »Ich hätte nie gedacht, dass du eine Reisekatze bist. Gleich fährst du Auto, vielleicht gefällt dir das? Aber das mit dem LKW, das mach bitte nie wieder. Und wenn wir zu Hause sind, dann feiern wir noch mal Weihnachten, du und ich.«

Charlotte Link
Wirklich clever, dieser Weihnachtsmann

Ich wusste natürlich von Anfang an, dass das ganze Haus über mich herziehen würde, wenn Susanne auf meine Anordnung hin den Hund fortschaffen müsste. »Das nette junge Mädchen«, würde es heißen, und »der süße, arme Hund!« Und außerdem war Adventszeit, da sind die Leute im Vergleich zum übrigen Jahr dreimal so sentimental. Dabei hätten sie sich mit ein bisschen kühlem Verstand sagen müssen, dass ich recht hatte: Machen denn Hunde noch etwas anderes als Lärm? Und Schmutz? Und das ist in den Wochen vor Weihnachten weiß Gott nicht anders als sonst. Im Gegenteil, ich sah sie schon, die Schneespuren im Treppenhaus. In meinem Treppenhaus! Denn ich bin der Besitzer – und damit verantwortlich dafür, dass hier alles seinen geordneten Gang geht.

Susanne, das Mädchen aus dem dritten Stock, hatte die kleine braune Hündin aus Spanien mitgebracht. Maroussia hatte am Rand einer staubigen Landstraße gelegen, mit zwei gebrochenen Beinen und zum Skelett abgemagert. Natürlich, so eine Geschichte geht einem schon nahe, und ich finde es

ja auch in Ordnung, dass Susanne dieses arme Bün-
del Haut und Knochen aufgesammelt und mitgebracht hat. Aber warum soll es jetzt in meinem Haus
leben? Wozu gibt es Tierheime?

»Heute ist der dritte Advent«, sagte ich zu Susanne, »bis zum vierten haben Sie Zeit, diesem Hund
ein neues Zuhause zu suchen. Es tut mir leid, aber
hier ist Tierhaltung nun einmal verboten. Ich kann
da keine Ausnahme machen.«

Susanne erwiderte nichts, aber sie sah mich lange und eindringlich an. Es war wie verhext; sie und
der spanische Hund hatten dieselben tiefdunklen,
maurischen Augen.

»Also«, murmelte ich, »eine Woche. Das müsste
reichen.«

Sämtliche Familien im Haus nahmen lebhaften Anteil an Susannes Versuchen, für Maroussia einen neu-
en Platz zu finden. Und ich selbst musste mir immer
wieder die neuesten Geschichten anhören; meine
Kinder erzählten sie mir, und jeder Mieter, den ich
im Aufzug oder im Gang traf, berichtete mir sofort
aufgeregt von Susannes und Maroussias Abenteuern.

Also – das mit dem Tierheim war schiefgegan-
gen. Susanne hatte den Hund abgeliefert, war auch
noch irgendwie zu ihrem Auto zurückgelangt, hatte
es aber dort – inzwischen blind vor Tränen – nicht
mehr über sich gebracht, alleine nach Hause zu fahren. Und so kehrte sie schnurstracks um, holte Ma-

roussia aus dem Käfig und kreuzte hier wieder mit ihr auf. Da die Frist noch nicht abgelaufen war, sagte ich nichts. Fairness muss sein.

Der nächste Anlauf war eine Annonce in der Zeitung. »Kleine braune Hündin sucht neues Zuhause ...« Meine jüngste Tochter, die gerade erst lesen gelernt hatte, las mir den Text beim Frühstück stockend und fehlerhaft, aber erbarmungslos von Anfang bis Ende vor. Alle drei Kinder sahen mich an, als hätten sie einen Schwerkriminellen vor sich.

»Jetzt werden sich bald liebe, nette Menschen für die liebe, nette Maroussia finden«, sagte ich munter. Keines der Kinder antwortete. Meine Tochter stand auf und verließ schweigend das Zimmer. Im Radio spielten sie »O du fröhliche ....«

Wie man sich so im Haus erzählte, hatte die Annonce eine durchschlagende Wirkung, allerdings nur insofern, als Abend für Abend wildfremde Menschen zu Susanne in die Wohnung stolperten, einen kurzen Blick auf den Hund warfen und im Übrigen dies alles als eine Art Einladung ansahen, den Abend in angeregter Unterhaltung mit einer hübschen jungen Frau zu verbringen. Ganze Familien erschienen, Ehepaare, einsame Männer – aber keiner, soweit ich das durch meinen Türspion erkennen konnte, verließ das Haus mit einem Hund an der Leine.

»Es wird einfach keiner gut genug sein«, meinte

ich zu meiner Frau, »wahrscheinlich sucht sie ein Fürstenschloss für diese Maroussia.«

»Ach was, es ist so, dass niemand diesen armen spanischen Hund will«, entgegnete meine Frau und warf mir einen anklagenden Blick zu. Ich fühlte mich langsam verfolgt. Gab es denn niemanden, der Verständnis für *meine* Gründe hatte?

In unserem Haus lebte ein alter Mann, und der nahm besonderen Anteil am Schicksal von Susanne und Maroussia. Jeden Tag kaufte er eine Dose Hundefutter, die er vor Susannes Wohnungstür stellte. Alle im Haus liebten diesen alten Mann, besonders die Kinder, denn einmal im Jahr, am vierten Advent, verkleidete er sich als Weihnachtsmann und zog in einem roten Mantel und mit einer roten Mütze auf dem Kopf von Wohnung zu Wohnung und verteilte kleine Geschenke an die Kinder. Eine nette Idee, das musste ich ja zugeben, aber ich glaube, ich war immer ein bisschen eifersüchtig, wenn meine Kinder voller Begeisterung von ihm sprachen. Oder mit Problemen zu ihm statt zu mir gingen.

So wie mit der Katze.

Die Katze tauchte zwei Tage vor dem vierten Advent in unserem Vorgarten auf, genauer gesagt, direkt unter unserem Wohnzimmerfenster. Ein mageres Tier mit struppigem Fell und entzündeten Augen. Offenbar hatte sie keinen Besitzer, aber warum um alles in der Welt musste sie gerade zu uns kommen? Sie saß den ganzen Tag auf dem Fensterbrett, eng an die Glasscheibe gepresst, und maunzte. Maunzte zum Gotterbarmen. Ihr spitzes Gesicht hob sich als helles Dreieck von der frühen winterlichen Dämmerung ab. Überflüssig zu sagen, dass meine Kinder auf der anderen Seite des Fensters klebten und fast genauso anhaltend und herzzerreißend jammerten wie die Katze.

»Kommt, wir zünden die Kerzen am Adventskranz an«, versuchte ich sie abzulenken. Das war für gewöhnlich *die* Sensation. Nicht so heute.

»Wir haben schon den Weihnachtsmann um Hilfe gefragt«, sagte meine Tochter. Ich seufzte. »Das ist kein Weihnachtsmann. Das ist ein ganz normaler Mann! Nur weil er einmal im Jahr ...«

»Er sagt, er kann die Katze nicht zu sich nehmen«, fuhr meine Tochter ungerührt fort, »weil du das hier im Haus verboten hast. Warum hast du es verboten?«

Ich fragte mich, womit ich es verdient hatte, in so unangenehme Grundsatzdiskussionen verwickelt zu werden. Statt einer Antwort zog ich rasch die Vorhänge zu, um das Katzengesicht draußen nicht mehr sehen zu müssen. »Wir singen jetzt Weihnachtslieder!«, bestimmte ich. Der Gesang fiel mager aus. Immer wieder brach eines der Kinder ab, lauschte nach draußen und fragte die anderen: »Schreit sie noch?« Und dann lauschten sie alle, und tatsächlich, zart wie das Läuten einer kleinen silbernen Glocke klang die Stimme der Katze von draußen herein.

In der Nacht hatte es geschneit. Im Laufe des Tages wurde es immer kälter, als leuchtend roter Ball hing die Sonne am fahlen Winterhimmel.

Ich traf Susanne und Maroussia an der Haustür. Der Hund wedelte vergnügt mit dem Schwanz, Susanne aber sah blass und übernächtigt aus. Sie grüßte mich mit leiser Stimme.

»Na, jetzt sagen Sie nur, es hat sich immer noch niemand für diesen hübschen Hund gefunden?«

»Niemand«, entgegnete Susanne. Ich schüttelte den Kopf. »Aber es kommen doch ständig Interessenten?«

»Ja, aber die meisten suchen einen reinrassigen Hund. Oder sie suchen gar keinen, sondern wollen nur einmal in eine andere Wohnung hineinschauen, jemanden kennenlernen. Einer wollte sich sogar Geld pumpen. Ja, und ...«, sie schaute mich nicht an, sondern blickte an mir vorbei zum Horizont, wo die Sonne hinter den Bäumen unterging, »morgen ist der vierte Advent ...«

Die Katze miaute den ganzen Abend vor unserem Fenster. Allmählich gewann ich den Eindruck, dass sich sämtliche leidenden Kreaturen dieser Erde ausgerechnet in meinem Haus versammelten. »Warum geht sie nicht woandershin?«, fragte ich gereizt. Wir saßen alle vor dem Kamin, blickten in die Flammen und lauschten auf das Knistern der brennenden Holzscheite. Das heißt, wir hätten gern gelauscht. Meist aber war die Stimme der Katze lauter.

Niemand antwortete auf meine Frage.

»Morgen kommt der Weihnachtsmann«, wechselte ich das Thema.

Es antwortete immer noch niemand. Aha, jetzt wurde ich also geschnitten. Noch ein paar Tage, und meine Widerstände würden erlahmen. Ich beschloss, früh schlafen zu gehen. Eine tolle Adventszeit dieses Jahr, wirklich!

Der Weihnachtsmann kam tatsächlich am nächsten Tag. Er hatte sich einen langen weißen Bart angeklebt, und seine himmelblauen Augen blitzten. Für die Kinder kramte er Schokoladennikoläuse hervor, Strohsterne und Glaskugeln, in denen es schneite, wenn man sie schüttelte. Dann sah er sie alle der Reihe nach an.

»Was wünscht ihr euch denn vom Christkind?«

Die Antwort kam wie aus der Pistole geschossen, und noch dazu im Chor: »Wir wollen, dass unser Vater die Katze hereinlässt!«

Der alte Mann schaute mich an. »Es ist bald Weihnachten«, sagte er leise.

Das war der Moment, da ich kapitulierte. Sentimentaler Narr, der ich bin, aber irgendwie ging es mir ans Herz – die bettelnden Augen der Kinder, der alte Mann in seinem roten Mantel, aber vor allem die Stimme, mit der er sagte: »Es ist bald Weihnachten.«

»In Gottes Namen, holt die Katze herein«, sagte ich erschöpft. Der alte Mann lächelte mir zu und wandte sich zum Gehen, ich kämpfte mit mir, aber dann hielt ich ihn zurück.

»Was Recht ist«, knurrte ich, »muss Recht bleiben. Wenn ich hier eine Katze habe, kann ich Susanne nicht gut ihren Hund verbieten, nicht wahr? Sagen Sie ihr – mein Adventsgeschenk –, sie kann den Hund behalten. Wenn's sein muss!«

Es tat gut, wirklich, ich muss zugeben, es tat gut, in die warmen, freundlichen Augen des Weihnachtsmannes zu blicken.

Natürlich bin ich kein Dummkopf. Ich weiß längst, was hier gelaufen ist. Ich habe das leere Baldrianfläschchen im Müll gefunden. Und ich habe Baldrian gerochen – auf meinem Fensterbrett. Wirklich clever, dieser Weihnachtsmann. Um Maroussia zu retten, setzte er mich mit einem anderen Tier unter Druck. Eine heimatlose Katze ist leicht aufzutreiben. Und ich fragte noch: »Wieso kommt sie immer wieder zu uns?« Jeder weiß, mit Baldrian kann man Katzen verrückt machen. Es zieht sie magisch an. Und bringt sie zum Schreien.

Ja, so war das. Aber komischerweise war ich gar nicht ärgerlich an diesem Abend. Alle vier Kerzen auf dem Adventskranz brannten. Wir sangen Weihnachtslieder, und auf dem Sofa lag die Katze und putzte ihr weißes struppiges Fell.

Erika Pluhar

Es gab nur eine Katze
in meinem Leben

Es gab nur eine Katze in meinem Leben. Als man sie
mir schenkte, war sie so klein, dass ich »Bröselchen«
zu ihr sagte. Der Name »Brösi« verblieb ihr dann.
Brösi war eine ganz normale, grau getigerte Haus-
katze mit schrägen grünen Augen, und sie teilte mit
mir meine Anfängerjahre am Theater. Die Gage einer Burgtheater-Elevin war damals so gering, dass
wir beide Hunger gelitten hätten, wenn nicht meine
Mutter, uns immer wieder verköstigend, eingesprun-
gen wäre. Die Wohnung, in der ich leben durfte, weil
die Besitzer auf längere Zeit im Ausland blieben, lag
in einem alten Haus mitten in der Stadt. Sie führte
auf einen stillen Innenhof hinaus, durch den die
Tauben flatterten (von Brösi, am Fensterbrett kau-
ernd, gierig betrachtet!), und entbehrte nicht eines
gewissen romantischen Reizes. Nur war sie nicht
zu heizen. Also ließ ich an kalten Wintertagen einfach das Backrohr des Gasherdes brennen, was zumindest die Küche wärmte. Es war eine uralte Küche, mit gewölbter Decke und buckelig gekacheltem
Fußboden, und ich und die Katze hielten uns bei
Kälte meist dort auf. Schon damals schrieb ich mit

Federkiel und Tinte in großen schwarzen Büchern alles Mögliche vor mich hin, um der Theaterarbeit und ihren ständigen Äußerungen etwas an innerer Konzentration entgegenzusetzen. Ein weißer Porzellanlampenschirm hing über mir, und Brösi lag vor mir, mitten auf dem Tisch, und aufmerksam, meist schnurrend, meine Schriftzüge verfolgend.

Eines Tages hob ich wieder einmal gedankenvoll den Blick, sah mitten in Brösis Augen – und sah, dass sie schielte! Ja, sie schielte mich mit ihren wunderschönen grünen Augen liebevoll an, so, als wäre sie beschwipst oder gar betrunken. Ich erschrak. »Brösi! Was ist mit dir?« Sie schielte weiterhin, begann jedoch zärtlich zu schnurren, ihr Köpfchen an meiner besorgten Hand reibend, meine plötzliche Aufmerksamkeit schien ihr zu behagen. Auch als ich sie hochhob und ein wenig schüttelte, schielte sie mich glückselig an.

Da packte ich sie in ihren Korb und fuhr sofort zum Tierarzt.

Sie war so etwas wie beschwipst oder betrunken vom ständigen Aufenthalt in gasgeschwängerter Luft, die Arme! Wenn ich selbst auf Proben oder in der Vorstellung war, blieb sie ja daheim, geduldig auf mich wartend, und immer in der so gefährlich erwärmten Küche! Ich brach bei dieser Erklärung schuldbewusst in Tränen aus, der Arzt musste mich trösten. Es sei der Katze ja nichts Bedrohliches zugestoßen, noch nicht, und das Schielen würde sich legen.

Verweint kam ich nach Hause, wir legten uns aneinandergeschmiegt in mein Bett, unter die dickste Tuchent, die ich besaß, wärmten uns so gegenseitig in kalter Winternacht, und am nächsten Morgen schielte Brösi nicht mehr, sondern sah mich wieder mit klarem, grünem Blick an.

Als ich ihr davon erzählte, schrie meine allzeit besorgte Mutter auf, natürlich auch meiner Gesundheit wegen besorgt, und drängte mir sofort ihren Badezimmerstrahler auf. Und zu Weihnachten bekam ich von meinen Eltern einen elektrischen Heizofen geschenkt.

Ja, es gab nur eine Katze in meinem Leben, und wir teilten Armut und Jugend und einen so zärtlichen Blick füreinander, dass auch kurzfristiges Schielen ihn nicht trüben konnte.

Tanja Dückers
Ostap

Für Anastasiia Kosodii und ihre Freundinnen

Ein ohrenbetäubendes Geräusch, ein langgezogenes Heulen, ein Heulen von einem Wolf, es kommt direkt aus dem Himmel. Ira, mein Frauchen, ist mit einem Satz aus dem Bett, stürzt zum Fenster, läuft hin und her, dann macht sie etwas ganz Seltsames: Sie klettert zurück ins Bett und zieht sich die Decke über den Kopf. Ich schaue auf diesen Hügel. Das Heulen geht weiter, es scheint immer lauter zu werden, und ich mache einen Satz aufs Bett. Eigentlich darf ich das nicht, doch heute zieht Ira mich in diesen Hügel und drückt mich an sich. Dann kommt Musik aus ihrem kleinen Sprechding, das nachts immer neben ihrem Bett liegt. Sie streckt einen Arm aus unserer Höhle, schnappt sich das Ding und redet mit aufgeregter Stimme hinein. Sie muss schreien, weil der Wolf, den man nicht sehen kann, immer lauter über allen Dächern heult. So vergeht eine Mäusejagd lang mit dem unheimlichen Himmelswolf und Iras Geschrei. Ich wünschte, ich könnte mir mit den Pfoten die Ohren zuhalten, wie Menschen das können. Ira macht das kleine Ding wieder aus, zieht die Decke von unserer Hügelhöhle weg, und das Heulen wird noch lauter. Ich beobachte Ira genau. Der Tag beginnt nicht wie sonst. Ira springt auf, um sich gleich wieder zu bücken, sie zieht den Reisekoffer unterm Bett hervor. Dann reißt sie den rosafarbenen Schrank im Schlafzimmer auf, den Schrank, der innen nach Blüten riecht, und beginnt, Kleidung in den Koffer zu werfen. Sie läuft ins Bad, öffnet ein silbernes Schränkchen, holt eine kleine Schachtel heraus. Aus dieser Schachtel nimmt sie immer eine Art Bonbons, wenn sie sich aufs Bett legt, seufzt und den Kopf auf eine besondere Weise hält. Ira läuft in die Küche, ich hinterher. »Ostap!« Fast wäre sie über mich gestolpert. Eine Wasserflasche, abgepacktes Brot, zwei Dosen, Messer und Gabel wandern in eine Plastiktüte. Keinen Löffel, den hat sie wohl vergessen. Alles wird im Koffer verstaut. Da kommt auch der flache Klapperkasten hinein, auf dem Ira immer so viel herumtippt. Den steckt sie vorher in eine Art schmale Tasche. Es folgen andere flache dunkle Dinge und Schnüre, jetzt plötzlich wieder Kleidung, eine warme Mütze, ein Schal. Manchmal bleibt Ira mitten im Raum stehen, hält etwas hoch – und legt es dann doch nicht in den Koffer. Was ist heute los? Normalerweise ist sie am Abend, bevor sie den Koffer unterm Bett hervorholt, immer bester Laune und gibt mir ein Extra-Leckerli. Heute beachtet sie mich kaum.

Jetzt fällt ihr Blick doch auf mich, und sie stürzt in die Küche, holt meine Futterbox. Wenn wir sonst mit dem Koffer das Haus verlassen, nimmt Ira Futter für mich in dieser besonderen Box mit. Diese Box hat oben und unten einen Napf, die man an ihr befestigen kann. Im neuen Zuhause angekommen – »Ferien!«, nennt Ira das –, werden die Becher abmontiert und mein Futter sowie Wasser dort hineingefüllt. Ganz praktisch, sagt Ira jedes Mal. »Ferien«, das bedeutet großes Wasser und viel, viel gemütlichen Kuschelsand. Und manchmal eine vergrabene Maus. Ira und ich mögen »Ferien« sehr gern. Ira füllt schnell meine Futterbox und lässt sie dann aber in der Küche stehen. Fahren wir jetzt zum großen Wasser oder nicht? Es klingelt, Ira hastet durch den kleinen Flur und öffnet die Tür. Es ist Daniil, der uns oft besucht und dann auch, anders als ich, bei Ira im Bett schlafen darf, was mich eine Weile lang sehr geärgert hat. Ira sagt seinen Namen immer auf eine besondere Weise. »Ostap« sagt sie anders. Daniil umarmt sie kurz. »Schnell, schnell«, zischt er.

Ein paar Dinge werden noch in den Koffer geworfen, ein Buch, aus dem viele Bilder fallen, Bilder, auf denen auch Ira zu sehen ist, aber sie sieht auf ihnen ein bisschen anders aus, vielleicht ist das die kleine Ira. Daniil sammelt die Bilder auf und legt sie rasch in das große Buch.

»Die Futterbox!«, ruft Ira. Sie rennt in die Küche, um gleich darauf mit einer Plastiktüte zurückzukommen, aus der es vertraut riecht. Da ist die Box also drin. Unten hupt ein Auto. Daniil nimmt den Koffer, Ira die Tüte. Sie will mich hochheben, stöhnt kurz »Ostap!«, setzt mich wieder ab, und wir drei sprinten die Treppen hinunter. Draußen sind mehr Menschen als sonst auf der Straße, sie reden aufgeregt. Ich spüre Angst. Ihre Finger zeigen in den Himmel in eine Richtung, aus der dichter schwarzer Rauch kommt. Der Rauch sieht wie ein Baum aus, der sehr schnell größer wird. In der Luft ist ein Geruch, den ich nicht kenne. Ich verstehe nicht, was passiert. Ich schaue zu Ira und zu Daniil, beide reden mit anderen Leuten und immer wieder in die kleinen Dinger in ihren Händen.

Ich schmiege mich zwischen die beiden. »Ach, du, Ostap-Katerchen...!«, Ira streichelt mir trotz der ganzen Aufregung über den Kopf. Dann tätschelt auch Daniil mich.

Anfangs mussten Daniil und ich uns wirklich etwas länger gegenseitig beobachten; ich habe viel gefaucht bei seinen ersten Besuchen. Aber dann hat Daniil angefangen, mir jedes Mal ein Leckerli mitzubringen, zum Beispiel knusprige Kekse, die wie Mäuse aussehen. Und letztes Jahr zu Weihnachten bekam ich ein tolles rotes Wollknäuel. Das hat jetzt leider niemand eingesteckt.

Im Auto sind schon zwei andere Menschen, es ist eng. Ira nimmt mich auf den Schoß, obwohl ich ein ziemlich großer und schwerer Stubentiger bin.

Daniil sitzt vorn. Das Auto ruckelt, es geht los. Die Autogeräusche klingen wie immer. Ob wir nun doch zum großen Wasser fahren?

Schon steigen wir wieder aus, wir sind nur zehn Minuten gefahren. Wir sind da, wo die sehr langen Schlangen losfahren. Sehr lange Schlangen, durch die man laufen kann, ich glaube, die Menschen sagen »Züge«. Es sind unglaublich viele Menschen hier, alle haben Koffer und Taschen dabei, viele sehen müde aus. Ich treffe auf meine Katerkumpels Jurko und Andreij, wir tauschen uns kurz aus, sie wissen auch nicht, was Sache ist. Sie haben Hunger. Auch Ira und ich haben nichts gefrühstückt.

Wo ist Daniil? Ah, da ist Daniil, er zischt wieder »schnell, schnell«. Wir laufen, er trägt den Koffer, Ira die Tüte. Jetzt wird es noch enger, ich bin zwischen lauter Beinen. Dann schiebt Daniil Ira hoch in eines dieser langen Schlangen, ich springe lauter hektischen Füßen hinterher. Hohe Stufen!

Und dann steht er Daniil und sieht Ira an und Ira sieht ihn an. Und jetzt guckt er auch mich auf eine Weise an, die mir neu ist. Wir Katzen sind es ja gewohnt, den Blick und die Mimik der Menschen zu lesen, aber dieser Blick gibt mir Rätsel auf. Sein Blick ist voller Liebe und voller Trauer zugleich. Dann beugt Daniil sich noch mal vor und murmelt Ira etwas ins Ohr. Ich verstehe »Weihnachten. Weihnachten!« Dieses Wort kenne ich gut. Jeder Kater, der nicht ganz blöd ist, kennt es. »Weihnachten«, das gehört zu den Zauberlauten der Menschen, die ich verstehe. Weihnachten, das ist auch für mich eine besondere Zeit. Leider gibt es Weihnachten nur sehr, sehr selten. Daniils Gesicht während er »Weihnachten!« zu Ira sagt – wieder diese Mischung aus Freude und Trauer. Und noch etwas ist dabei: Hoffnung. Weihnachten! Das dauert aber noch, denke ich. Dafür müssen erst die heißen Tage gekommen und vorüber sein, Mäusejagen im Garten von Iras Datscha und Spielen in braunen Blätterhaufen unter den Bäumchen und Büschen. Dann werden die Wege weiß und kalt wie jetzt: Erst dann kommt wieder »Weihnachten«, Daniil.

Die Zugschlange setzt sich in Bewegung, und Daniil wird immer kleiner und kleiner, der große Mann. Etwas flattert noch lange über ihm, das ist seine winkende Hand.

Jurko und Andreij sind leider mit ihren Leuten zu einem anderen Zug gegangen. Ich habe sie noch eine Weile miauen gehört.

Es folgten viele Tage und Nächte in diesem und anderen dieser langen Züge. Meine Futterbox war bald leer. Meist habe ich nur trockenes Brot bekommen, manchmal gar nichts. Eine dicke Frau sah mich böse an, als Ira mir Brot gab. Sie machte eine Geste, die aussah, als wollte sie mir den Hals abschneiden. Sie selber aß zwei Tage lang nur Weintrauben, ihre Hand war in einem Verband.

Seit gestern reden die Menschen um uns herum eine andere Sprache. Und es gibt einen langen Tisch mit Menschen mit Wollmützen und Handschuhen, die Essen auf Tellern ausgeben. Ira wirkt erleichtert. Sie tätschelt mich oft. An einem der großen langen Tische steht ein Mann mit Bart, der sich zu mir herunterbeugt und mir durch mein wuscheliges Fell fährt. Ich bekomme auch einen Teller Suppe!

Danach heißt es lange anstehen. Die Zeit nutzt Ira, die jetzt nicht mehr so kalte Hände hat, um mein Fell zu bürsten. Sie hat sogar an meine Bürste gedacht. Nicht an mein Wollknäuel, aber an die Bürste. Menschen sind halt auch nur Menschen.

Wir warten lange und schlafen schließlich in einem kleinen Haus, das aus Stoff besteht, weißem Stoff. Ich bekomme ein interessantes Futter, das ich noch nicht kenne, aus einer Tüte mit einem Kollegen drauf. Schmeckt okay. Ich treffe andere Kater, sie haben fremde Namen hier, werden Milosz, Jakub und Szymon gerufen. Sie sind liebenswürdig und zeigen mir die Umgebung, sogar eine Wiese, auf der wir spielen und Mäuse jagen können. Über dem Zelt weht eine rot-weiße Fahne.

Heute Morgen hat sich Ira, mein Frauchen, wahnsinnig gefreut. Und zwar über ein weinrotes Heftchen. Sie hat wirklich einen Luftsprung gemacht und dabei das Heftchen ganz fest an sich gedrückt. Menschen sind schon manchmal seltsam.

Am Abend hat sie mir, nachdem wir in einem neuen Haus angekommen waren, zärtlich über den Kopf gestreichelt und gesagt: »Ostap, du hast schon den EU-Pass! Als Einziger von uns! Bei Tieren ist das nicht so schwer wie bei Menschen.«

Was auch immer das bedeutet. Offensichtlich habe ich irgendetwas gemacht, worüber sich mein Frauchen sehr freut. Ich weiß zwar nicht was, aber ich habe freundlich zu einem Mann in Uniform geguckt und miaut, mich ein bisschen anfassen lassen und dann wurden lauter Dinge irgendwohin gekritzelt. Irgendetwas mit Spritzen wurde gesagt, und ich bekam schon Angst.

Wir Katzen verstehen ja einige Worte, die die Menschen so benutzen. Bei »Spritze« weiß ich leider was gemeint ist. Autsch! Aber es war nicht nötig mit »Spritze«, sehr gut.

Am Abend höre ich Daniils Stimme in dem kleinen Ding, in das Ira so gern und oft hineinspricht. Er klingt traurig. Dann höre ich wieder »Weihnachten«. Und noch ein Wort: »spätestens«.

Ira packt wieder den Koffer, und ich verabschiede mich vorausschauend von meinen neuen Freunden. Wir fahren jetzt in einer ganz langen Riesenschlange. Ich bekomme Schmerzen im Rücken, weil ich die ganze Zeit auf dem Boden hocke. Ständig tritt mir jemand auf den Schwanz, ich heule auf und niemand hört mich.

Es ist dunkel hier unten zwischen all den Beinen. Eine Frau neben Ira hat eine Babykatze dabei, die hat es gut, die hat ihre eigene Tasche. Sie lässt mich gleich wissen, dass dies ihr Reich ist, und faucht mich an, als ich eine freundliche Pfote in ihre Richtung strecke, blöde Minimieze.

Einmal wandert Iras Hand zu mir herunter und tätschelt mich, so gut es im Gedränge geht. An diese Berührung denke ich die nächsten Stunden. Ich bekomme Durst. Nichts zu machen.

Wir sind in einer riesigen Halle. Ich muss zwischenzeitlich eingeschlafen sein. Als alle aussteigen, tun mir die Beine so weh vom stundenlangen Eingequetschtsein, dass ich erst mal nur humpeln kann. Ich bin müde, durstig und hungrig. Auch hier ist es wieder sehr voll, Menschen, die Schilder in den Händen halten, laut rufen. Und viele Menschen, die noch eine andere Sprache sprechen. Irgendwer ruft »Willkommen in Berlin!« Gibt es Bären hier? Hilfe! Ich sehe aber keine Bären.

Ira und ich gehen zu einem langen Tisch und warten mal wieder. Das tun wir nun seit vielen Tagen. Ahh, belegte Brötchen, prima. Ira gibt mir von ihrem ab und bekommt ein zweites. Wir gehen zu einem anderen Pulk, in dem wir wieder lange stehen. Hier bekommt Ira etwas für das kleine Ding, in das sie immer hineinspricht. Überall stehen Leute an, mit denen wir vorher zusammen gereist sind. Die Menschen, die etwas zu verteilen haben, tragen seltsame leuchtende Oberteile, grellorange oder zitronengelb. Wenn Licht darauf fällt, brennt es in meinen Augen.

Ich treffe andere Kater, einen ruft sein Herrchen ebenfalls Ostap, er sieht auch müde und hungrig aus. Er zeigt mir, wo es Wasser gibt, ich habe schon ein ganz trockenes Maul. Ira sieht mir versonnen zu, während ich schlabbere. Dann sehe ich Tränen in ihren Augen. »Wenigstens du bist noch bei mir, altes Ostap-Katerchen«, sagt sie liebevoll und tätschelt mich.

Wir haben ein neues Zuhause.

Es riecht, es klingt, es schmeckt alles anders hier.

Das neue Zuhause hat hohe Wände wie dort, wo ich herkomme. Richtige Wände, nicht nur weißen Stoff wie dort, wo wir vor ein paar Tagen waren. Es gibt auch viele Kater in meiner neuen Umgebung. Die meisten sind aber bei ihren Herrchen oder Frauchen zu Hause in deren Wohnungen oder Gärten. Dort, wo ich herkomme, sind immer viele von uns in den Straßen, ohne Menschen. Freigänger mit zerfranstem Fell, die einen sofort wegfauchen. Dort, wo ich herkomme, gibt es auch viele Menschen, die in kleinen Hütten am Stadtrand wohnen und manchmal mit Wagen übers Land fahren. Sie haben ebenfalls Katzen, die frei herumlaufen und im Allgemeinen alles besser wissen. Ihnen eine Maus abzuluchsen ist fast unmöglich.

Hier tragen die Katzen manchmal sogar in der Wohnung einen Pullover.

Unser neues Zuhause ist viel kleiner als unser altes. Wir teilen uns ein Zimmer mit einer anderen Frau, die möchte, dass ich abends ganz ruhig bin. Ich versuche es. Aber so einfach ist das nicht, wenn Ira jeden Abend unruhig mein Fell durchknetet. Das hat sie nicht gemacht, als wir am Meer oder in den Bergen waren. Irgendetwas ist jetzt ganz anders. Auch mein Futter ist anders. Auf der Verpackung ist eine brave Katze drauf, die sehr aufrecht auf einem schwarz-rot-goldenen Kissen sitzt und streng guckt, aber es schmeckt einigermaßen. Ich glaube, es ist nicht der Moment, allzu wählerisch zu sein.

Jeden Abend spricht Ira mit Daniil – leise, um unsere Mitbewohnerin nicht zu stören.

Nach jedem dieser Gespräche kuschelt sich Ira an

mich. Dann sagt sie: »Ostap, Weihnachten sind wir wieder zu Hause!«

Dann denke ich an unsere weihnachtlichen Festessen, an den herrlichen Mais-Sonnenblumenkern-Brei, an die köstliche Haluschky-Suppe, an die süße Kutja am Ende des Mahls und an unseren schönen, bunt geschmückten Baum, den Ira immer mit einem Spinnennetz dekoriert*, und schlafe friedlich ein.

* In der Ukraine darf ein Spinnennetz am Weihnachtsbaum nicht fehlen, denn das soll Glück bringen. Der Brauch geht auf eine Sage zurück. Eine arme Witwe hatte kein Geld für Baumschmuck. Sie ging am Vorabend von Weihnachten schlafen, traurig darüber, wie kahl und stumpf der Weihnachtsbaum in ihrer kleinen Stube aussah. Doch als sie am nächsten Morgen aufwachte, traute sie ihren Augen kaum. Ihr schmuckloser Baum war von einem Spinnennetz umwoben, er glänzte und funkelte. Silbern schienen die Zweige um die Wette zu strahlen; durch das reflektierende Licht wirkten sie wie Glasperlen und Seidenfäden. Die alte Witwe war überglücklich und erzählte jedem im Dorf von dem Wunder. Die Leute kamen zu ihr, um es mit eigenen Augen zu sehen. Jeder brachte Speisen und Getränke mit, und so kam es, dass das ganze Dorf bei der armen Frau gemeinsam ein großes Weihnachtsfest feierte. Und deshalb setzen auch heute noch viele Ukrainer eine künstliche Spinne auf ihre Tanne oder dekorieren den Baum mit einem künstlichen Spinnennetz.

Quellenverzeichnis

Annette Amrhein
Weihnachten ohne Fluse, S. 109
Originalbeitrag. © Annette Amrhein. Abdruck mit freundlicher
Genehmigung der Autorin.

Claire Beyer
Theias Kreise, S. 7
Originalbeitrag. © Claire Beyer. Abdruck mit freundlicher Ge-
nehmigung der Autorin.

Eva Demski
Der Geist der Weihnacht, S. 77
Originalbeitrag. © Eva Demski. Abdruck mit freundlicher Ge-
nehmigung der Autorin.

Tanja Dückers
Ostap, S. 134
Originalbeitrag. © Tanja Dückers. Abdruck mit freundlicher Ge-
nehmigung der Autorin.

Ellen Dunne
Von der Muse gekratzt, S. 56
Originalbeitrag. © Eva-Maria Oberauer. Abdruck mit freund-
licher Genehmigung der Autorin.

Christine Grän, Katzenjammer, S. 67
Aus: Alljährlich grüßt die Weihnachtsgans. Ein literarisches Fest-
menü. Herausgegeben von Brigitta Rambeck. dtv Verlagsgesell-
schaft, München 2005. © Christine Grän. Abdruck mit freundlicher Genehmigung der Autorin.

Neue Katzengeschichten

Denken Sie bloß nicht, Katzen würden keine Weihnachten feiern wollen – ganz im Gegenteil. Sobald es überall blinkt und glitzert, durchs Haus verführerische Düfte ziehen, gibt es viel Aufregendes zu entdecken: aus Weihnachtsbäumen werden Kratzbäume, aus Weihnachtsliedern Katzenmusik – und aus Geschenkverpackungen wunderbare Kisten zum Sich-Verstecken, denn auch besinnlichen Stunden mit ihren vier- und zweibeinigen Freunden sind unsere Samtpfoten keineswegs abgeneigt.

So findet eine Katze in der Weihnachtskrippe einer Kirche ein neues Zuhause und freundet sich mit einem Engel an; drei Kater nehmen das Fest der Liebe wörtlich und ein Schutzengel erscheint in Gestalt einer Katze. Davon und von vielem mehr erzählen die hier erstmals veröffentlichten Geschichten von Eva Demski, Tatjana Kruse, Christiane Rösinger, Andrea Schacht u. a.

Die Katze, die Weihnachten feiern wollte. Die schönsten Geschichten zum Fest. Herausgegeben von Gesine Dammel. insel taschenbuch 4666. 192 Seiten.

»Ach, wie schön war das damals …«

Weiße Weihnachten mit fröhlichen Rodelpartien, ein bunt ge-schmückter Weihnachtsbaum voller Süßigkeiten und Lametta, das Haus erfüllt vom Duft nach warmen Plätzchen und nach Tannen-nadeln – und knisternde Spannung, während wir auf das Christ-kind warteten …
Alle Jahre wieder werden an den Weihnachtstagen auch Erinne-rungen an frühere Feste wach und wie schön es damals war. Da-von erzählen auch die Autorinnen und Autoren dieses Bandes: Joachim Ringelnatz, Marie Luise Kaschnitz, Walter Benjamin, Joseph Roth, Hanns-Josef Ortheil u. v. a.

Weihnachten, so schön, wie es früher einmal war. Die schönsten Geschichten. Ausgewählt von Gesine Dammel. insel taschenbuch 4667. 157 Seiten.

Stille Nacht, Zaubernacht

Weihnachten ist die Zeit der Wunder. Das größte aller Wunder feiern wir Jahr für Jahr. In der Weihnachtszeit geschehen aber auch andere Wunder, kleine und nicht ganz so kleine: Wunder der Freundschaft und Freundlichkeit, Wunder der Liebe, Wunder, die man nicht erklären kann, und Wunder, die keiner Erklärung bedürfen. Die schönsten dieser Wunder sind hier versammelt: Erzählungen über einen zauberschönen Tag, an dem mit einem Mal sich alles zum Besseren wenden kann.

Mit Geschichten von Thomas Bernhard, Bertolt Brecht, Truman Capote, Axel Hacke, Marie Luise Kaschnitz, Erich Kästner, Alexander Kluge, Siegfried Lenz, Paul Maar, Carson McCullers, Eugen Roth, Patrick Roth, William Saroyan, Urs Widmer, Barbara Wood und vielen anderen.

Die Wunder zu Weihnachten. Geschichten, die glücklich machen. Herausgegeben von Clara Paul. insel taschenbuch 4401. 235 Seiten

Ein unvergessliches Weihnachtsfest

Claire und Neil Archer führen ein kleines gemütliches Hotel in den Wicklow Mountains, die Sugar Loaf Lodge. Als in der Vorweihnachtszeit die Buchungen ausbleiben, versuchen es die beiden mit einer Annonce und nach und nach kommen die Anmeldungen: die junge Frau, die ein geheimes Treffen mit ihrem Geliebten plant; Andrew und Bridget, die sich endlich einmal etwas Schönes gönnen wollen, aber auch die jungen Eltern, die den Streitereien mit der Familie entfliehen möchten. Für sie alle sollen diese Weihnachtsfeiertage etwas ganz Besonderes werden.

Die irische Bestsellerautorin Sheila O'Flanagan erzählt warmherzig und mit feinem Humor Geschichten von Liebe und Eifersucht, Beziehungskrisen und Familiengeheimnissen und wie sich am Ende vieles fügt zum kleinen Glück am Weihnachtsabend.

Sheila O'Flanagan, Das kleine Glück am Weihnachtsabend. Roman. Aus dem Englischen von Susann Urban. insel taschenbuch 4744. 299 Seiten.

Weihnachten allein? Nicht in der Christmas Street!

Gerade erst hat Jess Green ihr neues Zuhause in der malerischen Christmas Street bezogen. Es ist Anfang Dezember, und die Anwohner der kleinen Straße haben sich in diesem Jahr etwas Besonderes ausgedacht: einen lebendigen Adventskalender.

Jeden Tag öffnet ein anderes Haus seine Türen und hält eine Überraschung für die Nachbarn bereit: Bei Glühwein und Gebäck werden Lebkuchenhäuser und Blumengestecke gebastelt, es gibt kleine Weihnachtskonzerte und Stegreiftheater, Spielzeugautorennen und Schneeballschlachten … So kommen alle zusammen und vergessen für einige Stunden ihre ganz unterschiedlichen kleinen und größeren Sorgen. Schade nur, dass ausgerechnet der griesgrämige Mr Winter aus Haus Nr. 24 sich all dem verschließt. Doch er hat nicht mit Jess' Charmeoffensive gerechnet, genauso wenig wie sein ihm bis dahin unbekannter Enkel, der wie aus dem Nichts auftaucht …

Ein warmherziger Wohlfühl-Roman für kalte Wintertage – mit feinem britischen Humor.

Annie O'Neil, Das Wunder in der Christmas Street. Roman. Aus dem Englischen von Christine Richter-Nilsson. insel taschenbuch 4874. ca. 427 Seiten. Auch als eBook erhältlich